●すぐできるカラー型紙CD-ROM付き●

食べ物壁面クイズでちょこっと保健指導12ヵ月

●久住加代子●

黎明書房

4月 たまごクイズ

5月 牛乳クイズ

6月 魚クイズ

7・8月 ピーマンクイズ

ピーマンの クイズ

- ピーマンの祖先はなに？
  ① トマト
  ② とうがらし
  ③ なすび

- ピーマンの好きな季節はいつ？
  ① 春
  ② 夏
  ③ 秋

- 赤ピーマン・緑ピーマン 栄養価が高いのはどちら？
  ① 赤ピーマン
  ② 緑ピーマン
  ③ どちらも同じ

- ピーマンに多く含まれる栄養素はなに？
  ① たんぱく質
  ② 炭水化物
  ③ カロチン・ビタミン

9月 さつまいもクイズ

10月 かぼちゃクイズ

11月 米クイズ

12月 にんじんクイズ

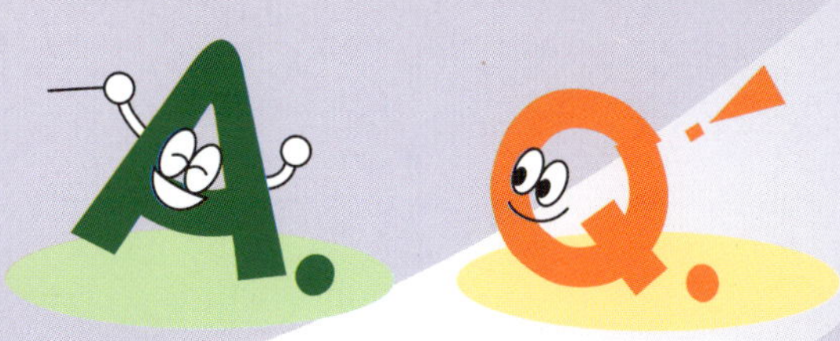

1月 だいこんクイズ

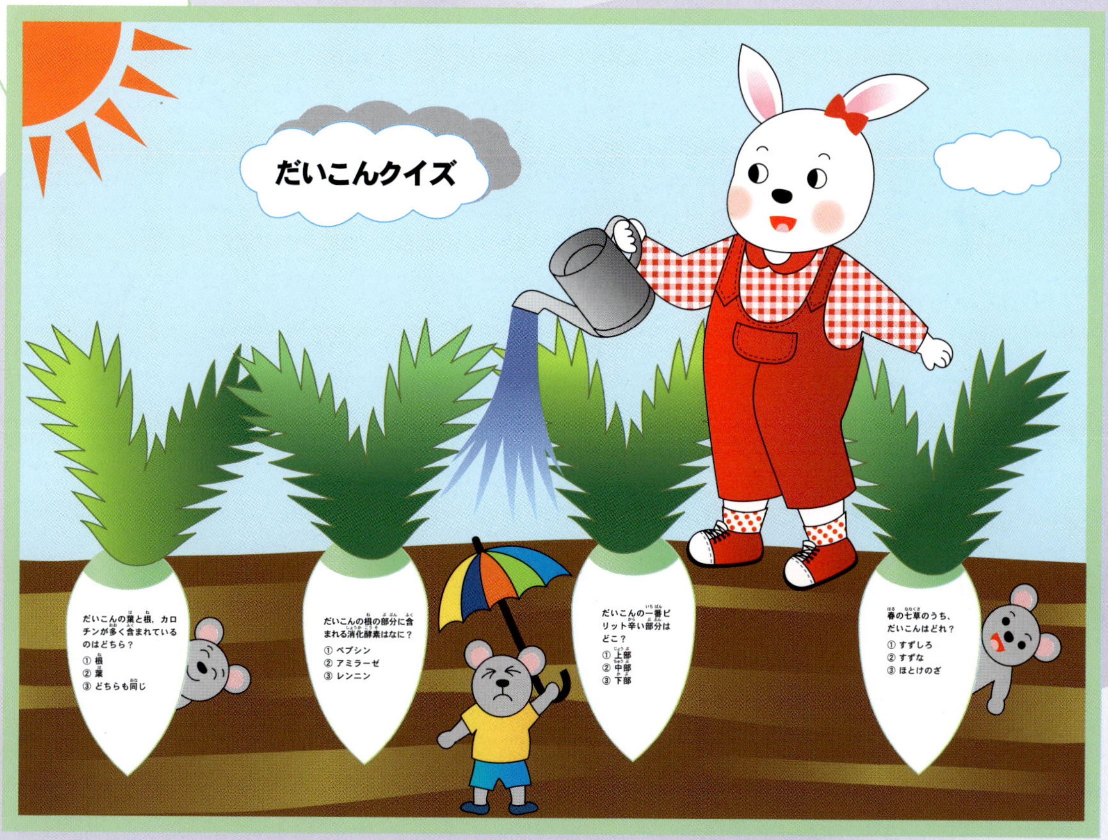
だいこんクイズ
だいこんの葉と根，カロチンが多く含まれているのはどちら？
① 根
② 葉
③ どちらも同じ
だいこんの根の部分に含まれる消化酵素はなに？
① ペプシン
② アミラーゼ
③ レンニン
だいこんの一番ピリット辛い部分はどこ？
① 上部
② 中部
③ 下部
春の七草のうち、だいこんはどれ？
① すずしろ
② すずな
③ ほとけのざ

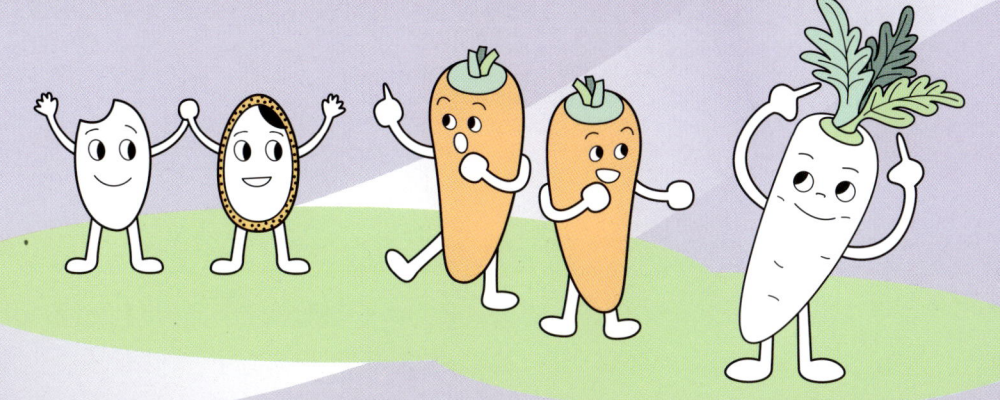

2月 ぶた肉クイズ

3月 アイスクリームクイズ

はじめに

　近年子ども達をとりまく，家庭・社会環境の変化は，子ども達の心や体の健康にさまざまな影響を及ぼしています。そのような状況の中で，自らが健康を守るためにどうすればよいかを，きちんと身につけてほしいと願っています。

　本書では，保健・栄養に関する月ごとの目標をテーマに取り上げた季節感いっぱいの壁面構成とその作り方と保健指導を紹介しています。
　色彩豊かな，元気いっぱいの楽しい場面で心を癒されながら，子ども達の大好きなクイズで，子ども達の興味を引きつけ，友達同士でながめて，めくったり，さわったりしながら，健康のために日々心掛けてほしいことや知ってほしいことが学べるものにしました。

　そして，壁面構成をそのまま使って，発育測定時などに保健指導ができるように，おもしろくて楽しい「ちょこっと保健指導」を紹介しています。
　〈へ～そうなんだ……!!〉という驚きの子ども達の声がきっと聞こえますよ。
　子ども達の中にはクイズの答え合わせだけに終わってしまっている場合が多く残念に思っていました。クイズだけでは言い尽くせなかった事を壁面構成を使っての保健指導・栄養指導をすることによって，より詳しく健康・栄養の知識を定着させることができます。

　壁面構成によって，子ども達が健康に対する意識を高めて，自分の健康，他の人の健康，命の大切さにも気遣いができる「生きる力」「思いやりの心」を育成してくれることを心から願っています。

　忙しい先生・学校栄養士，工作があまり得意でない人でも，簡単にしかも美しく作ることができるように，CD-ROMをもうけました。
　誰でも簡単にパパッと作ることができます。

この本の特徴

●楽しい壁面構成が，付属の型紙CD-ROMで簡単にパパッと作ることができます。
●月別に取り上げた壁面クイズを見て，さわって，子ども達が楽しく保健・栄養について学ぶことができます。
●作品の大きさは，掲示スペースに合わせて自由に作ることができます。

もくじ

はじめに・この本の特徴 ………… 1

食べ物壁面クイズでちょこっと保健指導 ………… 3
    4月 たまごクイズ ………… 4
    5月 牛乳クイズ ………… 8
    6月 魚クイズ ………… 12
    7・8月 ピーマンクイズ ………… 16
    9月 さつまいもクイズ ………… 20
    10月 かぼちゃクイズ ………… 24
    11月 米クイズ ………… 28
    12月 にんじんクイズ ………… 32
    1月 だいこんクイズ ………… 36
    2月 ぶた肉クイズ ………… 40
    3月 アイスクリームクイズ ………… 44

すぐできるカラー型紙CD-ROMについて ………… 49
    データの使い方 ………… 50
    制作の手順 ………… 52
    型紙データ一覧 ………… 53
        4月 たまごクイズ ………… 53
        5月 牛乳クイズ ………… 54
        6月 魚クイズ ………… 55
        7・8月 ピーマンクイズ ………… 56
        9月 さつまいもクイズ ………… 57
        10月 かぼちゃクイズ ………… 58
        11月 米クイズ ………… 59
        12月 にんじんクイズ ………… 60
        1月 だいこんクイズ ………… 61
        2月 ぶた肉クイズ ………… 62
        3月 アイスクリームクイズ ………… 63

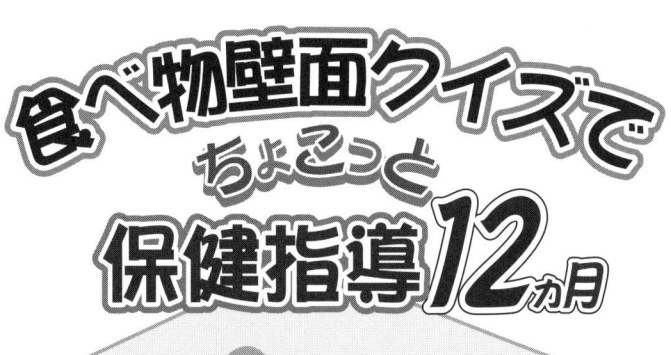

4月 たまごクイズ

型紙データ一覧
P.53

たまごのしくみや成分や性質を知り，たまごは成長に必要な栄養素を備えた優れた食品であることを考えます。

✂ 作り方のポイント

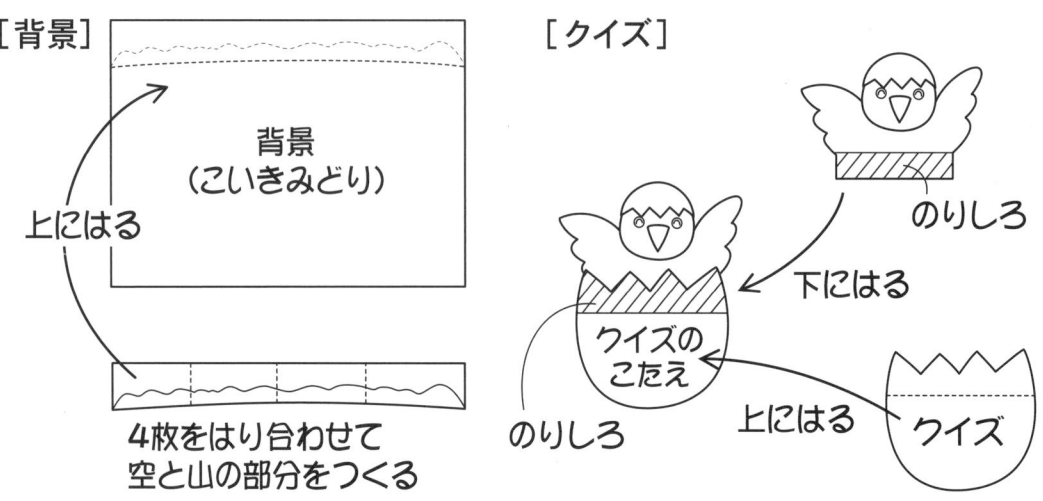

たまごクイズでちょこっと保健指導

1. 新鮮なたまごを水に入れるとどうなるの？
① 横になって沈む　② 上に浮く　③ たてになって沈む

答え… ①

たまごの丸い方の内側には空気が入った気室というところがあり，たまごが古くなってくると，水分がうばわれて気室の空気は多くなり，丸い方が上になるのです。

新鮮なたまごは気室が小さく空気も少ないので，横になって沈みます。

 たまごのしくみを理解しましょう

とろりとした卵白は内側の卵白を中心に保つ働きをしています。でもそれだけでは十分でなくて，カラザという白いヒモで卵黄を上下に結わえています。

うまく宙ぶらりんにして，大事な卵黄を細菌や振動から守っています。

さらに卵白の中にある，たんぱく質の一種のリゾチームには細菌の侵入を防ぐ働きがあります。

ゆでたまごと生たまごとではどちらが長持ちするの……？

熱を加えると卵白の抗菌たんぱく「リゾチーム」が働かなくなり腐敗しやすくなります。

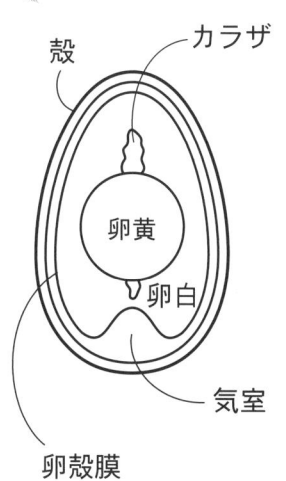

2. 売られているパック入りたまごはどのように詰められているの？
① 丸い方が上　② とがった方が上　③ ばらばら

答え… ①

通常売られているたまごは丸い方を上にしてパックに入っています。

気室の役割って？

産みたてのたまごには気室がありません。にわとりの体温は約41度あり，産みたてのたまごも同じですが，この温度よりも低い外気にさらされることにより，たまごの内容物が収縮して，気室が作られるのです。丸い方に気孔数が多いため，容易に空気が入りやすいのです。

通常売られている卵はとがった方（鋭端）を下にしてパックに入っています。

理由は2つあります。その1つは丸い方よりもとがった方が強度が強いこと，もう1つは，丸い方に気室（空気が入っている）があり，こちらを下にすると黄身と空気が触れやすくなって，雑菌が入り込む可能性があることの2点です。

もし横だったら卵が非常に割れやすく，ばい菌に汚されるかもしれないからです。

3. たまごの殻には小さな穴があるの？
① 穴はない　② 殻全体に小さな穴がある　③ 殻の一部に小さな穴がある

答え…②
たまごの殻には全体に小さな穴（気孔）があります。

たまごの殻の小さな穴（気孔）の役割って……？

たまごの殻には全体に小さな穴（気孔）があります。

殻はたまごの中身を保護するための強度を持ち，殻全体に小さな穴（気孔）がたくさんあります。ふ化が始まるとこの小さな穴から肺呼吸に必要な酸素を取り入れ，炭酸ガスを外に出し，しかも細菌の進入を防いでいます。

そして，卵白の抗菌たんぱく「リゾチーム」が働き，ひなが誕生するまでの命を細菌・かび・ウイルスなどから守っています。

生たまごを静かに転がすと元に戻ってきます。

たまごが回転して移動しても卵黄は動かず，カラダがよじれて移動するため，また巻き戻されて元に戻りやすくなっています。

ゆでたまごを転がしても回転による巻き戻しはないので，元に戻ってきませんので，殻を割らずに生たまごと区別することができます。

4. 赤玉・白玉栄養価は違うの？
① 赤玉が栄養価が高い　② 白玉が栄養価が高い　③ どちらも同じ

答え… ③
　赤玉を産むのは羽の色が赤いにわとり，白玉を産むのは羽の色が白いにわとり。
　でも栄養価はどちらも同じです。

 ## たまごの主な成分は？

1羽のにわとりは1年間に約300個のたまごを産むのです。

たまごの黄身（卵黄）の主成分はたんぱく質や脂質・ビタミンAもたくさん含まれています。

たまごの白身（卵白）の主成分は水とたんぱく質です。ビタミンや脂質は含まれていません。

たまごはどんな性質をもっているの？

たまごには3つの特性があるといわれています。

1つ目—熱で固まる性質があります。
　　　たまご焼きやゆでたまごができるわけですね

2つ目—油とよく混ざる性質があります。
　　　たまごの黄味に油を入れてよく混ぜると，マヨネーズができるのです。

3つ目—白身をかき混ぜるとアワがたつ性質があります。
　　　この性質を利用して，ケーキに使うメレンゲを作ります。

COLUMN

★イースターエッグ

キリストの復活祭（イースター）の時に，生命のシンボルとしての卵に，きれいな絵を描いて，友人に贈る外国の習慣です。

（作り方）

たまごの殻の丸いほうの端に目打ちでストローのはいる穴を開け，中身を吸い上げて黄身をくずしてから逆さまにして殻を壊さないようにして中身を出す。

たまごの殻に絵を描く。

5月 牛乳クイズ

牛乳は成長に必要な食品であることや骨に必要なカルシウムの多い食品であることを知り，毎日飲むことの大切さを考えます。

作り方のポイント

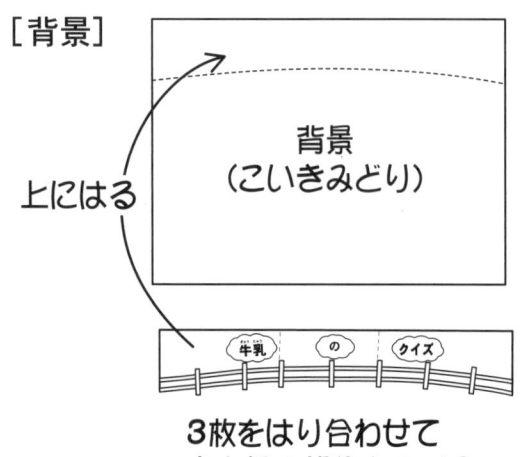

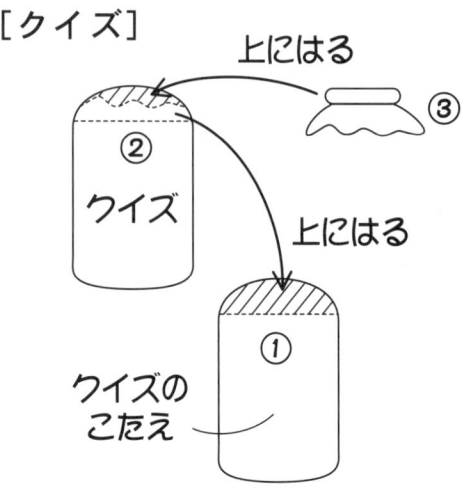

牛乳クイズでちょこっと保健指導

Q1. 牛乳に多く含まれる成分はなに？
① 炭水化物　② ビタミンD　③ カルシウム

答え… ③
　牛乳にはカルシウムが多く含まれていて，そのカルシウムの吸収率がとてもよいのです。たんぱく質・ビタミンA・ビタミンB$_2$なども含まれていて，栄養的にとてもバランスのとれた食品です。

牛乳がなぜ毎日給食につくのかな……？

　赤ちゃんの時，母乳又は牛乳だけで育ちますね。
　牛乳には子どもの成長に必要な栄養素がいっぱい含まれているのです。
　特に牛乳は頼りになるカルシウム源です。牛乳のカルシウムは体の中に取りこまれやすいのです。牛乳から作られるチーズ・ヨーグルトもからだに取りこまれやすいのです。
　1日に必要なカルシウムをもし牛乳で摂（と）るとしたら何本位でしょうか？
小学生3年生までは牛乳びん2本半，小学校4年生以上の女子は牛乳びん3本半，小学生4年生以上の男子は牛乳びん4本半です。
　カルシウムを牛乳だけで摂るのは大変ですので，いろんな食品からもカルシウムを摂りましょう。（ひじき・小魚・ほうれん草・豆腐など）

Q2. 牛乳を温めるとできる白い膜，これはなに？
① たんぱく質と脂肪　② 炭水化物　③ 糖質

答え… ①
　熱を加えることによって，たんぱく質が固まり，それに脂肪が付着するのです。

白い膜には栄養があるの？

　牛乳を約40度以上に加熱すると，表面に白い膜ができます。

この膜の成分は脂肪が70％，たんぱく質が20〜50％と言われています。

この膜には栄養がいっぱいあります。

しかし温めすぎると，たんぱく質の吸収率が下がるので，ぬるめに温めるか，そのままで飲むほうがいいでしょう。

3. 牛乳とチーズ，カルシウムが多く含まれるのはどちら？

① 牛乳　② チーズ　③ 同じ

答え… ②

チーズのカルシウムは牛乳の約6倍，たんぱく質も牛乳の約7〜8倍もあります。

チーズは少しの量でたくさんの栄養を摂ることができます。

 **チーズはどうやって作るの？**

温めた牛乳に乳酸菌と牛乳を固まらせるレンネットという成分を加えて，ゆすっていると白い固まりができます。これから水分を取り除いて3ヵ月以上おくとチーズになるのです。

チーズは牛乳・羊の乳・やぎの乳の栄養分を固めてから，水分を取り除いたものです。

だからチーズには乳の栄養がぎゅっとつまっているのです。

チーズのカルシウムは牛乳の約6.3倍，たんぱく質は約8.2倍もあります。

4. 牛乳に何を加えるとヨーグルトになるの？

① 砂糖　② 乳酸菌　③ でんぷん

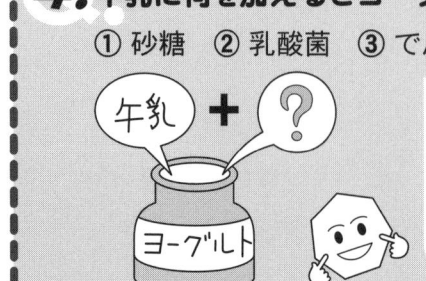

答え… ②

牛乳に乳酸菌を加えて温かいところにおいておくとヨーグルトができます。

 **ヨーグルトの栄養成分はなに？**

ヨーグルトは牛乳を乳酸菌で発酵させたもので菌はまだ生きていて，胃や腸の働きをよ

くしてくれます。

　ヨーグルトは，栄養バランスの良い「完全栄養食品」である牛乳に，乳酸菌のすばらしい効果をプラスした食品です。

　カルシウムを含む食べ物をたくさん食べても，もう一つ栄養がなければ，骨や歯にカルシウムを運ぶことができなく，骨にくっつくことができないのです。その働きをしてくれるのがビタミンDなのです。
　ビタミンDは，カルシウムの運び屋さんで，カルシウムを骨まで届けてくれるのです。

　ビタミンDがいっぱい入っている食べ物は豚肉・肉・とりなどのレバー・さんま・いわし・さば・干ししいたけ・緑黄色野菜などです。
　丈夫な骨を作るためにビタミンDもしっかり食べましょう。

COLUMN

　ビタミンDはレバーや魚を食べることでとれますが，外で遊んだり，運動したりして太陽の光にあたると，ビタミンDをからだの中でつくることができるのです。
　「外で元気に遊ぶと丈夫な骨になる」といわれますが，これは太陽の光にあたることによってビタミンDがからだの中でつくられる。そして運動すると骨がきたえられ丈夫になるのです。

　ヨーロッパの北の方では，冬になると太陽が照る時間がとても短くなってしまうので，夏の間にいっぱい日光浴をしておくのだそうです。

6月 魚クイズ

型紙データ一覧
▶▶▶ P.55

魚は成長期のからだによい動物性たんぱく質と良質の脂肪を含み，骨の成長に必要なカルシウムが多いことを知り，健康のためにしっかり食べることの大切さを考えます。

✂ 作り方のポイント

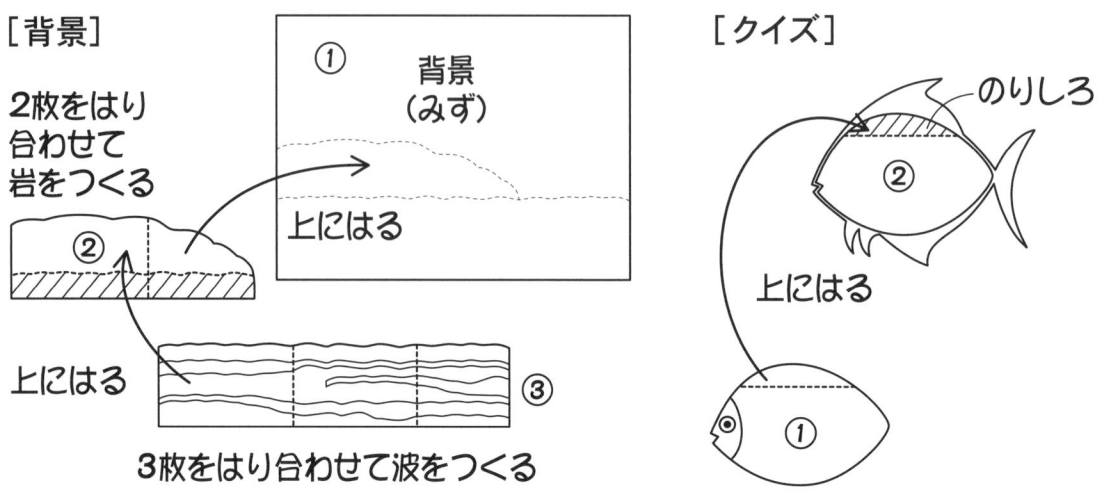

魚クイズで ちょこっと 保健指導

1. 血管の病気にかかりにくくする働きのある魚の油はなに？
① DHA ② EPA ③ PTA

答え… ②
　魚の脂のEPAは血液を固まりにくくし，血管を広げる働きがあり，また血液中のいらないコレステロールを取りのぞいてくれます。

EPAという魚の油の働きはなに？

　けがをして血が出ると，血が固まってかさぶたができますね。血液には血を固まらせる血小板というものが含まれているからです。

　血管の内側にきずができた場合でも，この血小板がきずを治すために集まってきます。すると，そこにコブができて，血液が通りにくくなり，血管が詰まったり，やぶれたりする原因になってしまうのです。

　EPAという油は，血小板が必要のない時に集まるのを防いで，血管にコブができないようにしています。

　また，いらないコレステロールを取り除く力もあり，血管の病気を予防してくれるのです。

2.「頭がよくなる」といわれる魚の油はなに？
① DHA ② EPA ③ DDT

答え… ①
　魚の油のDHAが脳にあると，記憶力をよくするので，勉強したことを忘れにくくなるのです。

DHAという魚の油の働きはなに？

　「DHAを摂ると頭がよくなる」といわれるのは，あらゆる成分の中でDHAだけが脳細胞に入り込むことができ，脳神経の働きをスムーズにするからです。

ＤＨＡが脳にあると記憶力をよくするので，魚を食べると，一度勉強したことを忘れにくくなりますよ。
　ＥＰＡ・ＤＨＡはまぐろ・いわし・さば・さんまといった背中の青い魚にたくさん含まれています。
　しかし，この油は普通の油より古くなるのが早いので，魚は新鮮なものを食べるようにしましょう。

　魚の骨にはカルシウムが多く含まれていますので，子魚を骨ごと食べると丈夫な歯や骨が作られますよ。
　魚には，ねこのミミに必要な栄養分もいっぱい含まれていますよ。

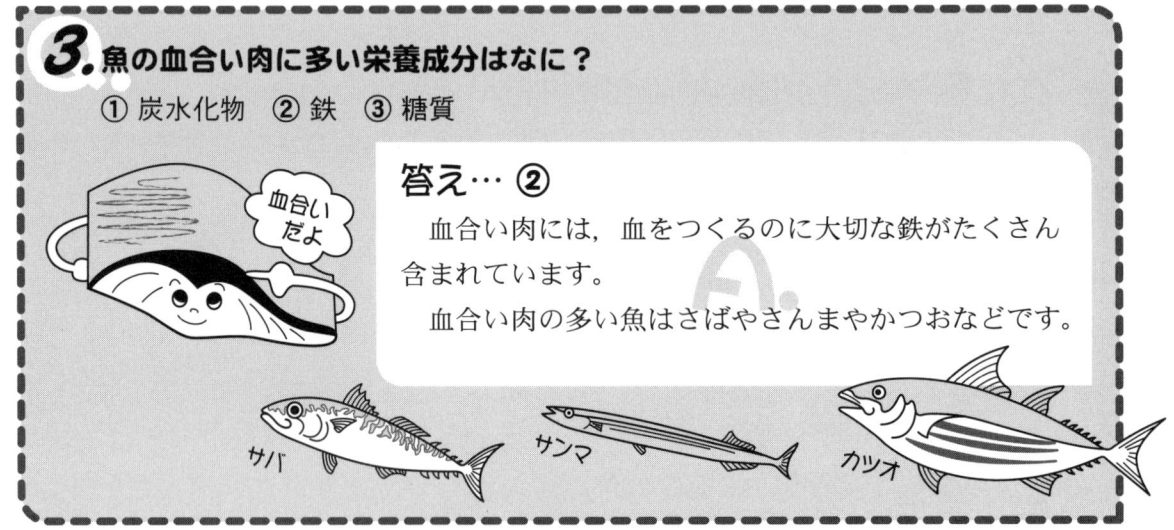

血合い肉に多く含まれる鉄の働きは？

　血合い肉の多い魚には，かつお・いわし・まぐろ・さんま・はまちなどがあり，これらの魚は赤身魚とよばれていて紡錘形をしており，群を作って回遊し，筋肉中にミオグロビンなどの色素たんぱく質を多量に含むため赤く，そして脂質や血合い肉が多いのです。
　血合い肉には，体に吸収しやすい形の鉄が多く含まれています。さらに鉄はビタミンＣ（レモンやだいこんおろしなど）といっしょに摂ると体にたくさん吸収されます。
　さばやさんまの塩焼きを，大根おろしといっしょに食べることは栄養的にも，とてもよいことなのです。
　鉄は血をつくるために必要な大切な材料なのです。
　私達のからだは，鉄が足りなくなると，酸素を運んでくれるヘモグロビンを作ることができなくなり，すると，脳に十分な酸素がいかなくなって，貧血がおこるのです。

4. 海のミルクといわれている貝はなに？
① しじみ　② さざえ　③ かき

答え… ③
　かきにはカルシウムなどのミネラルが多く含まれていて，とても栄養価が高く，消化のよい貝です。

 **かきの栄養成分はなに？**

　貝は縄文時代から食べられていました。貝塚で発見された貝殻で一番多かったのは，はまぐり，次がかきだったのです。
　かきが「海のミルク」といわれる理由は，かきには，人が必要とするほとんどすべての栄養素が含まれているからなのです。

　そしてかきの成分の中には「タウリン」が多く含まれていて，体内の殺菌・消毒・解毒作用などの働きをし，病気や傷，ストレスなどを取り去ってくれるのです。

　そして，かき自身は消化が良いばかりでなく，他のものと一緒に食べるとその消化も助ける働きをもつスグレモノなのです。
　つまり，かきを食べれば健康の基本となるパワーを取ることになるのです。

COLUMN

＞ ボクは魚へんに弱いと書くけれど栄養がいっぱい

　魚へんに弱いと書いて「いわし」とよみます。
　鰯は小さい「しらす」の時からいろんな大きな魚に食べられてしまうことと，早く食べないとすぐ腐ってしまうので「弱い」がつきました。
　「よわし」がなまって「いわし」とよばれるようになったと言われています。
　そして，魚の中で鰯にはEPAが一番多く含まれていて，DHAも二番目に多く含まれています。
　たんぱく質や脂肪，ミネラルが豊富で，栄養がいっぱいです。

ピーマンクイズ

7・8月

型紙データ一覧 P.56

カロチンやビタミンCが豊富に含まれているピーマンはからだにとてもよいことを知り，もりもり食べると元気が出ることを考えます。

✂ 作り方のポイント

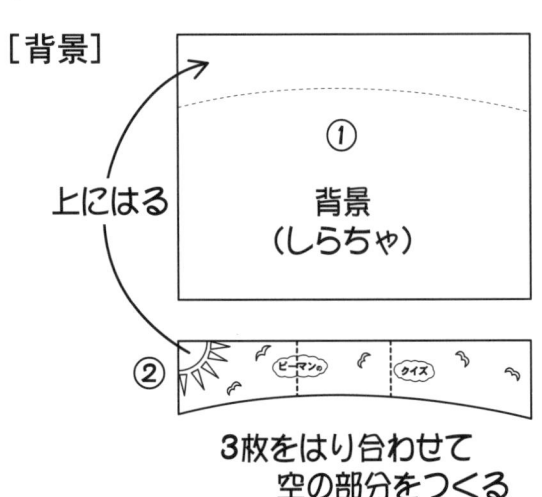

[背景]
① 背景（しらちゃ）
② 上にはる
3枚をはり合わせて空の部分をつくる

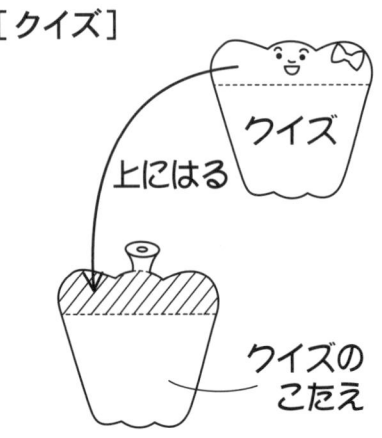

[クイズ]
クイズ
上にはる
クイズのこたえ

ピーマンクイズでちょこっと保健指導

1. ピーマンの祖先はなに？
① トマト　② とうがらし　③ なすび

答え… ②
ピーマンの祖先はカラ～イとうがらしです。

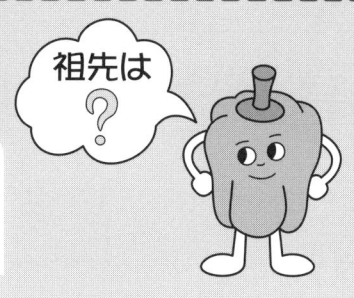

ピーマンが日本に伝わったのはいつ？

　ピーマンの祖先はなんとあのカラ～イとうがらしです。
　南アメリカ生まれのカラ～イとうがらしがヨーロッパに伝わり長い年月をかけて，品種改良が重ねられ辛くないとうがらしができたのです。それが今のピーマンです。
　日本へはとうがらしとして16世紀末にポルトガル人によって，日本に伝えられたといわれています。

2. ピーマンの好きな季節はいつ？
① 春　② 夏　③ 秋

答え… ②
　今は一年中ピーマンが食べられますが，ほんとうはピーマンは夏の太陽が大好きな野菜なのです。

なぜ，1年中ピーマンが食べられるの？

　ピーマンは夏の太陽が大好きで，強い日差しを受けて，濃い緑色になり，たっぷりと栄養を蓄えているのです。
　ピーマンは高温を必要とし，寒さにとても敏感な野菜です。
　でも，今は1年中，八百屋さんやスーパーで売られていますね。1年中食べられるのは，冬から春にかけて出回るピーマンの約8割は，南国高知や宮崎の温暖な気候を利用し，ビニールハウスの中でピーマンの好きな温度にして育てられているのです。

3. 赤ピーマン・緑ピーマン栄養価が高いのはどちら？
① 赤ピーマン　② 緑ピーマン　③ どちらも同じ

答え…①
　赤ピーマンのビタミンCは緑ピーマンの2倍。カロチンは3倍と実は赤ピーマンの方が栄養価が高いのです。

緑と赤，なにが違うの？

　ピーマンは成熟するにしたがって，緑から黄・朱・赤と変化してきます。これは熟成すると緑の元であるクロロフィルが減り，黄色や赤色の色素が増えるからです。

4. ピーマンに多く含まれる栄養素はなに？
① たんぱく質　② 炭水化物　③ カロチン・ビタミン

答え…③
　ピーマンにはカロチン・ビタミンC・食物せんいがたっぷりと含まれています。

ピーマンに含まれる栄養成分は？

　つややかに輝く緑色のピーマンは栄養たっぷり。
　カロチンやビタミンCや食物せんいが多く含まれます。
　ピーマン100グラム中のビタミンCの含有量は約80ミリグラム。中ぐらいの大きさのピーマン4個で1日の所要量を摂ることができます。ビタミンCは細菌に対する対抗力を高めたり，お肌をきれいにしてくれたりしていますよ。

　カロチンはからだの中に入るとビタミンAに変化し，皮ふや粘膜を丈夫し，目を守る働きをしています。
　カロチンはオレンジ色をしているのに，なぜピーマンは緑色しているの？
　草や木の葉の元になっているクロロフィルという成分がピーマンにもふくまれていて，カロチンのオレンジ色はその後ろにかくれてしまって見えなくなっているのです。

COLUMN

夏バテしそうになったら，ピーマンをもりもり食べましょう。ビタミンCがストレスや細菌に対する体の抵抗力を高めてくれます。もちろん，肌もきれいにしてくれます。

また，ピーマンには食物せんいが多いので，便秘になりやすい人にいいですよ。

おまけ　ナスクイズやトマトクイズも考えてみましょう！

※コピーして型紙に使ってください。

9月 さつまいもクイズ

型紙データ
一覧
P.57

さつまいもにはビタミンCや食物繊維がたくさん含まれ，便秘や大腸ガンの予防になることを知り，さつまいもを美味しく食べるにはどうすればいいのかを考えます。

✂ 作り方のポイント

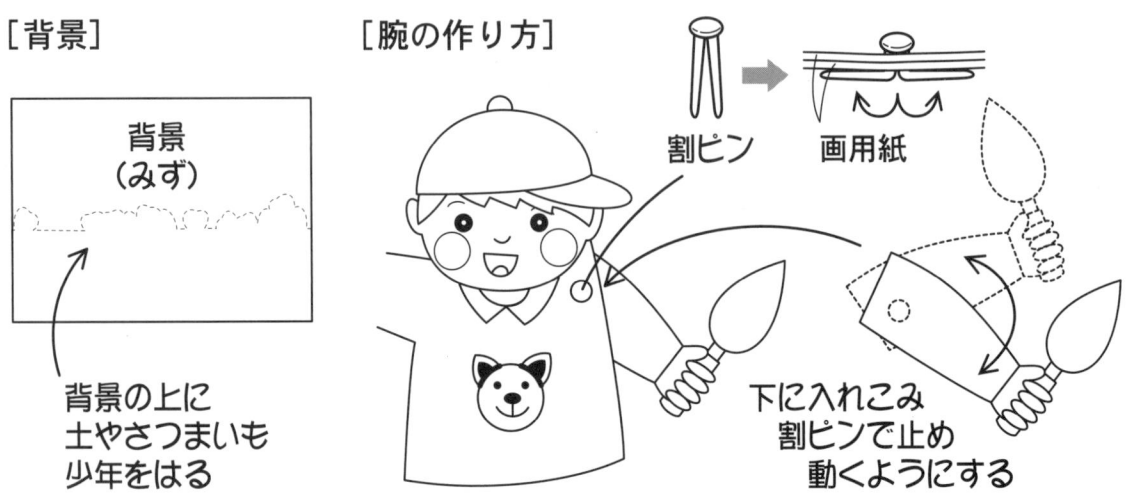

 # さつまいもクイズで ちょこっと 保健指導

1. さつまいもを甘くする消化酵素はなに？
① アミラーゼ　② タンニン　③ カロチン

答え… ①
さつまいもには消化酵素のアミラーゼが多く含まれていて，熱を加えると活発に働き，さつまいものでんぷんを麦芽糖にどんどん変えて甘くなるのです。

 さつまいもの主な栄養成分はなに？

主な栄養成分は炭水化物でカルシウム・鉄・ビタミンB類・ビタミンCも多く含まれています。

ビタミンCは夏みかんと同じくらい含まれていて，かぜの予防や美容にいいですよ。

そして，最もいいのが，食物せんいがいっぱい含まれているのです。

食物せんいは，腸の動きを活発にさせ，うんこの元を早く押し出すようにさせるので便秘の解消にとてもいいのです。

さつまいもの皮にもたくさんの栄養が含まれていて，カルシウムは肉質部の約5倍です。焼き芋やふかしいもを皮ごと食べるといいですね。

2. 甘いさつまいもをもっと甘くする方法は？
① 水につける　② 長時間をかけて熱を加える　③ 太陽の光にあてる

答え… ②
さつまいもには多くのアミラーゼを含み，熱を長時間加えると活発に働くのです。

 石焼きいもはなぜ甘いの？

さつまいもにはでんぷんを麦芽糖に変身させるアミラーゼという成分が含まれています。このアミラーゼは30度～40度の熱を加えると活発に働き，でんぷんを麦芽糖にどんど

ん変身させて甘くしていくのです。時間をかけてゆっくりと熱して作る石焼きいもはとても甘いのです。

さつまいもにはビタミンCや食物せんいがいっぱい含まれていますので、便秘や大腸がんの予防になります。おやつにもさつまいもを食べるといいですね。

3. 食物せんいってなに？
① ヒトの消化液で消化できるせんい
② ヒトの消化液で消化できないせんい
③ ヒトの胃液で消化できるせんい

答え… ②
「食物せんい」とは、ヒトのからだでは消化できない、食物成分のことをいいます。

たまごのしくみを理解しましょう

わたしたちは食物を食べて口の中や胃腸で消化し、その栄養分をからだに吸収することで、からだを作ったり活動のエネルギーにしたりします。そして残りカスをうんことして、からだの外に出します。

「食物せんい」とは、ヒトのからだでは消化できない、食物成分のことをいいます。カスとしてうんこになって出てしまいます。

食物せんいが多い食べ物は、いも類のほか、大豆など豆類、そばや米などのこく類、野菜、くだもの、海草などにたくさん含まれています。せんいといっても、さつまいものようにすじがあるものばかりではないのです。海草やサトイモ、こんにゃくなど、ぬるぬるしているのも食物せんいです。

4. さつまいもを食べるとなぜ「おなら」がでるの？
① 食物せんいが含まれているから
② アミラーゼが含まれているから
③ たんぱく質が含まれているから

答え… ①
さつまいもに含まれる多くの食物せんいは腸の働きを活発にさせ、ガスをつくるのです。これがおならです。

 ## さつまいもはなぜからだにいいの？

　さつまいもにはたくさんの食物せんいが含まれていて，人間の消化液では消化できないので，そのまま大腸にいき，大腸菌がこのせんいをえさにして，発酵・分解し無臭のガスを発生させるのです。これがおならです。食物せんいを多く含むさつまいもを食べるとおならが出るのです。

　そして，からだが食物を分解する時，からだにとって有害な物質を発生させるのです。それがくさいおならのにおいのもとになったり，大腸がんというおそろしい病気の原因になったりします。

　食物せんいは腸の中で発生した有害物質などのいらない物をすいつけて，うんことして早くからだの外に出してくれます。また，おなかの中で水分をすってふくらむので，食欲をおさえ，太りすぎの防止にもなります。

　日本人は昔から，食物せんいの多い食事をしてきました。しかし，最近では食生活が西洋化され，肉類が中心になり，豆類や野菜など食物せんいを摂る量がへってきました。その結果，太りすぎや，大腸がんにかかる人がふえています。食物せんいは，1日20グラム必要といわれていますが，ふつう半分くらいしか食べていないといわれています。食物せんいがいっぱい含まれている野菜や果物を残さず食べましょう。

COLUMN

　さつまいもを焼いたり蒸かしたりすると黄色くなるのはなぜでしょう……？
　元々黄色い色のさつまいもでも，生いものあいだは光の当たり方などで白っぽく見えるのですが，いもを焼いたり蒸かしたりすることで本来のさつまいもの黄色が見えるようになるためです。

10月 かぼちゃクイズ

型紙データ一覧 P.58

かぼちゃは冬の寒さからからだを守る栄養たっぷりの食べ物であることを知り、すすんで食べることの大切さを考えます。

背景（あい）

✂ 作り方のポイント

［かぼちゃちょうちんとバスケットの作り方］

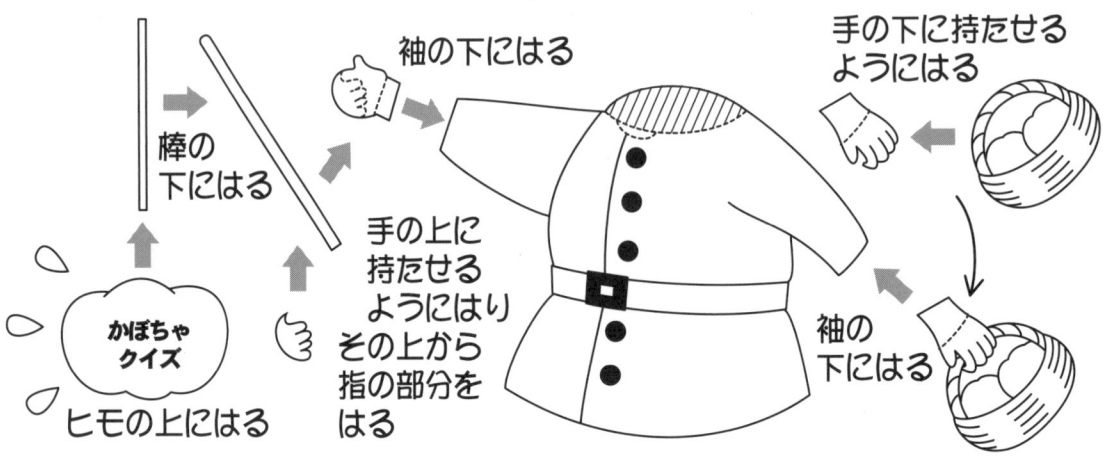

かぼちゃクイズ ちょこっと保健指導

1. 冬至（12月22日）には何を食べるといいの？
① さつまいも　② かぼちゃ　③ だいこん

答え… ②

冬至には，今年とれたかぼちゃを食べ，ゆず湯に入って無病息災を祈る習慣が古くからあります。かぼちゃにはカロチンが多く含まれ，体内でビタミンAに変化し，かぜ予防に効果があります。

冬至ってなに？

12月22日頃は冬至です。一年中で昼が一番短く，夜が一番長い日です。

この冬至に無病息災（病気や災難をふせぐ）を祈るために「ゆず湯」に入り，「冬至かぼちゃ」を食べる風習が日本にはあります。

今でこそ一年中いろんな野菜が手に入りますが，昔は冬に収穫できる野菜が少なかったうえ，そんな中で「かぼちゃ」は長期保存ができる冬季の貴重な栄養源だったのです。

「ゆず湯」は，厳しい寒さの中でも健康に暮らせるようにと，浴槽に柚子を浮かべて入るお風呂のことです。その香りに邪をはらう霊力があると信じられていました。

そして「ゆず湯」は，風邪を防ぎ，皮膚を強くするという効果があります。

2. かぼちゃはどこからきたの？
① アフリカ　② 中南米　③ ヨーロッパ

ボクはどこからきたの？

答え… ②

かぼちゃはもともとメキシコと南アメリカの野菜でした。

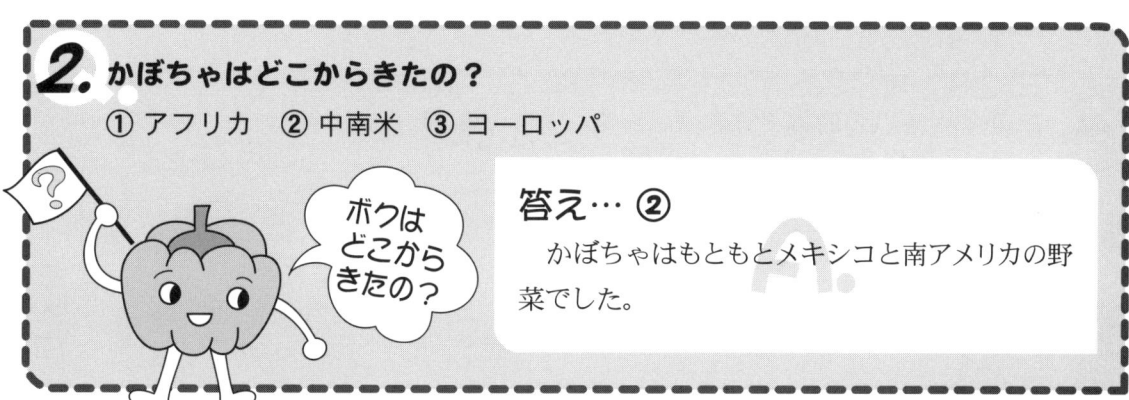

 ## かぼちゃが日本に入ってきたのはいつ？

　かぼちゃはコロンブスがアメリカ大陸を発見してから世界中に広がりました。

　日本へかぼちゃが初めてやってきたのは，今から約450年前位，ポルトガルの船が大分県に着いた時，貿易を始める時の記念の贈り物として，かぼちゃが送られたと言われています。

　日本にはカンボジアという国から運んできたことから「カンボジア」がなまって「カボチャ」といわれるようになったのです。

3. かぼちゃを食べると目にいいの？
　① 目によい　② 目に悪い　③ 関係ない

答え…①
　かぼちゃにはカロチンが多く含まれています。人間の体内でビタミンAに変化し，皮ふや粘膜を強くし，目の健康にとてもよいのです。

 ## かぼちゃの栄養成分はなに？

　ウリ科のかぼちゃはカロチンを多く含んでいます。カロチンは体内でビタミンAに変化して，目の疲れや乾燥を防いだり，皮ふの粘膜を正常に保つなどの働きをしてくれます。そして生活習慣病やガン予防に効果があるといわれています。

　他にもビタミンCやE，B_1，B_2，ミネラルや食物繊維などを含んでいます。

　昔から「冬至にかぼちゃを食べると風邪をひかない」といわれるのは，ビタミンを摂りにくい冬場に長期保存ができてビタミンが豊富なかぼちゃはビタミン補給源として最適だったからです。

4. かぼちゃはいつ収穫するの？
　① 春　② 夏　③ 秋

答え…②
　かぼちゃは収穫は夏です。

かぼちゃの特徴は？

　ほとんどの種類が夏に収穫されて，3〜4ヵ月間貯蔵するとでんぷんが糖分に分解されて美味しくなり，秋から冬にかけての方が美味しく食べられます。

　かぼちゃは育てるのにあまり手間がかからず，いっぺんにたくさん採れて，さらによいことは長い期間保存しておけるのです。

　パンプキンケーキやパンプキンプリンなど，美味しいお菓子にして食べるのもいいですね。

COLUMN

★ハロウィンって，どんなお祭りなの？

　ハロウィンは日本でいう，お盆にあたる行事といえます。

　もとはケルト人が秋の収穫を祝って，なくなった家族や友人をしのぶための行事だったと言われています。アメリカでハロウィンはクリスマスに次ぐ，大きなイベントで毎年10月31日は街中がにぎわいます

　「かぼちゃ」で作ったちょうちんを持って，「なんかくれ。さもなきゃ悪さするぞ」と言いながら近所の家をまわり，お菓子をもらいます。

11月 米クイズ

型紙データ一覧 P.59

古くから歴史や伝統ある米を主食にした日本人，米のしくみや栄養成分を知り，パワーのもとになる主食としてのごはんのおいしさ，大切さを考えます。

✂ 作り方のポイント

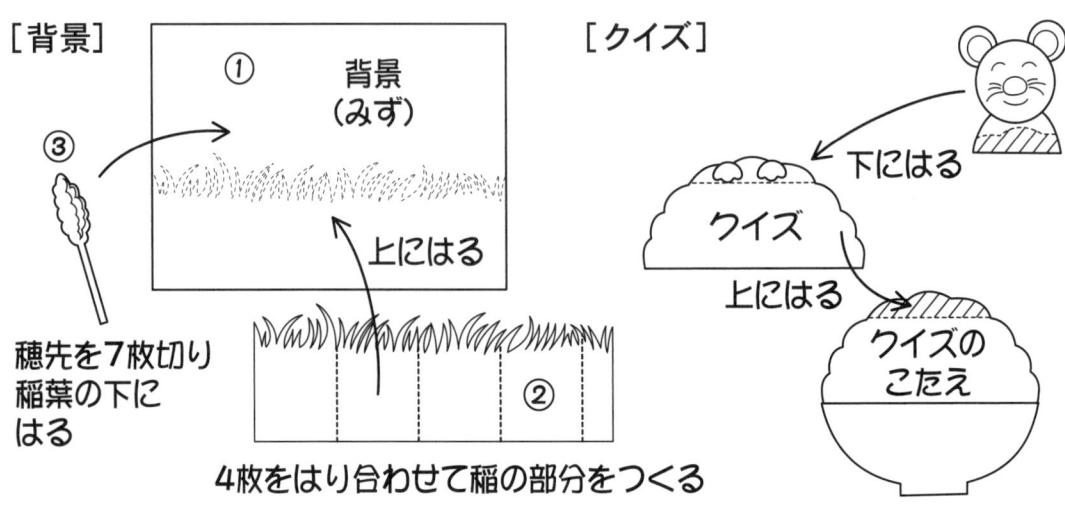

お米クイズでちょこっと保健指導

Q1. 日本で作られるお米の種類はなに？
① インディカ米
② ジャポニカ米
③ ジャバニカ米

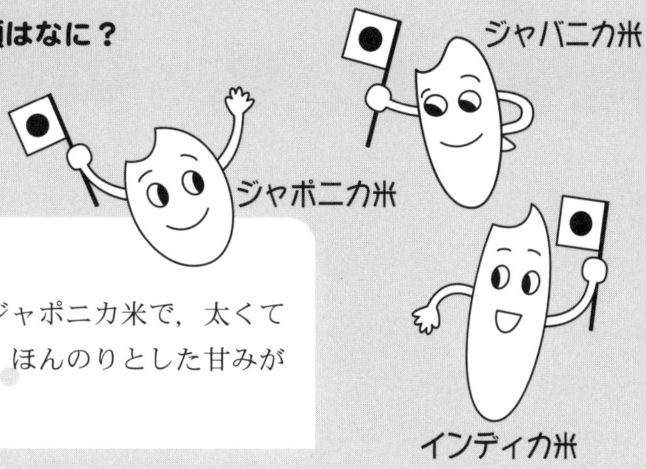

答え…②
　日本で作られているお米はジャポニカ米で，太くて短い品種で，粘り気があって，ほんのりとした甘みが感じられます。

お米のしくみはどうなっているの？

　稲穂から一粒一粒お米をとり，いちばん外側のもみがらを，機械によってとりのぞいたものが玄米です。玄米のまま炊いて食べることもできますよ。

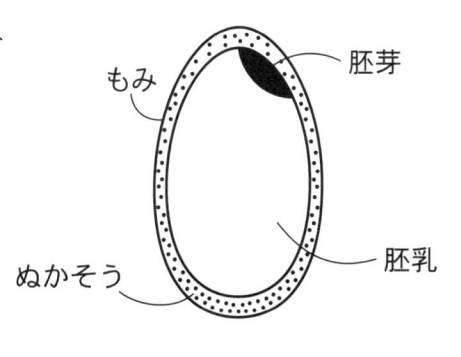

　玄米についているぬかや胚芽を取り除いた物が，ふだん私達が食べている白米です。

Q2. 粘り気があって，おいしいお米に含まれる成分はなに？
① プリアリン
② コメリン
③ アミロペクチン

答え…③
　アミロペクチンは食品の粘りを出す成分で，これを多く含むお米ほど粘りがあって，おいしいお米とされています。

お米の栄養成分は？

お米の主な成分は炭水化物で，その大部分はでんぷんです。そのほかにもアミノ酸やたんぱく質，食物繊維，ビタミンやミネラル類など栄養的にとてもすぐれた食品です。

ごはんをかめばかむほど甘くなるのはなぜでしょう？
それは，つばの中のプチアリンという消化酵素がでんぷんを分解して，麦芽糖にかえてくれるからです。
ごはんはでんぷんなので，かめばかむほど麦芽糖がふえて甘くなるのです。

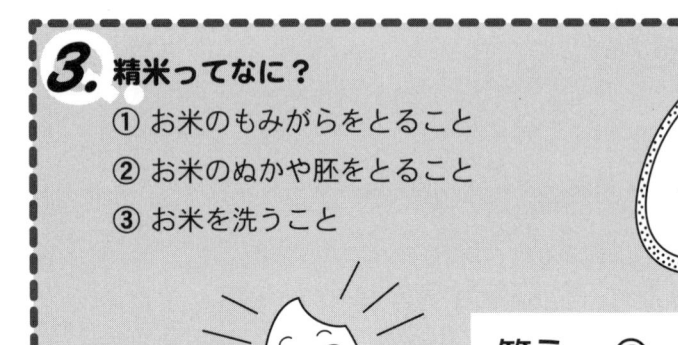

Q3. 精米ってなに？

① お米のもみがらをとること
② お米のぬかや胚をとること
③ お米を洗うこと

答え…②
ぬかや胚はおいしくないので，これを取り除く作業を精米といいます。

なぜ精米するの？

お米は刈り取られた後，機械によって，もみがらを取り除かれます。このお米が玄米です。
玄米には「ぬか層」と「胚芽」がついています。
ぬかや胚にはたんぱく質や脂質・ミネラル・食物繊維などの栄養分が豊富に含まれています。
しかしぬかや胚はおいしくないので，これらを取り除き白米にします。この作業が精米なのです。

ミネラル　たんぱく質
ぬか層　胚芽
植物繊維　脂質
玄米くん　→　精米　→　うま味　うま味　うま味　白米くん

4. おいしい炊き込みごはん，昔は何のために作られたの？

① 食糧が不足した時の非常食
② 将軍の食べ物
③ 武士の食べ物

ダイコン葉
キノコ
いも…

答え… ①

昔は乏しい米に蓄えておいた食べ物を加えて，量を増やしていた。

炊き込みごはんが，なぜ非常食だったの？

乏しい米に蓄えておいた食べ物（大根の葉を干した物・キノコを乾燥させたもの・ユリネなどの植物の根・クリなどの木の実・いも類など）を加えて，量を増やしていました。

昔は食糧が不足したときの非常食だったのです。ただ，貧しい農民は，自分で作った米をお腹一杯食べるなどということはできず，いつも野菜やいもを加えた，炊き込みごはんやおじやが多かったそうです。

COLUMN

お米はお金持ちの物差しだったのです。

加賀百万石とかいわれるように，昔は，お米で知行高や年俸を表しました（一石は約180リットル，150キログラム）。

10進法では，石・斗・升・合・勺とさがっていきます。

江戸時代の武士は，1日5合が1人扶持(ふち)（給料）の基礎単位とされていました。

小判

お金持ち

12月 にんじんクイズ

型紙データ一覧 P.60

にんじんには成長期の子どもに必要な栄養がたくさん含まれていることを知り，しっかり食べることの大切さを考えます。

背景（あい）

✂ 作り方のポイント

[うさぎの作り方]

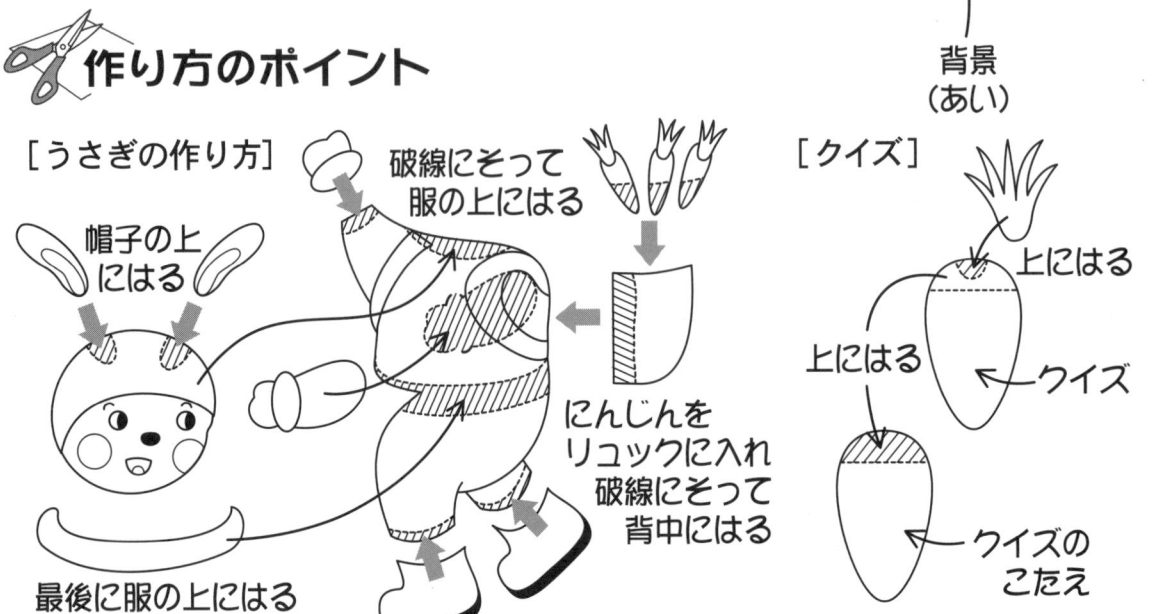

帽子の上にはる

破線にそって服の上にはる

にんじんをリュックに入れ破線にそって背中にはる

最後に服の上にはる

[クイズ]

上にはる

上にはる

クイズ

クイズのこたえ

A. にんじんクイズでちょこっと保健指導

1. にんじんのオレンジ色の成分はなに？
① カロチン　② クロロフィル　③ カルシウム

答え…①
にんじんにはカロチンが多く含まれていて，にんじんの学名「カロタ」および英語名「キャロット」に由来しています。

にんじんが日本に入ってきたのはいつ？

中央アジアで，数千年にわたる栽培の歴史がある野菜です。

にんじんが日本に入ってきたのは16世紀末で「芋にんじん」「菜にんじん」などと呼ばれていました。

現在よく見かけるにんじんはヨーロッパ型，色鮮やかな赤い色をした金時にんじんはアジア型です。

金時にんじんの色素の元になっているのはカロチンではなく，より強い抗酸化作用があるリコピンです。リコピンは血液サラサラのほかにも，がんや老化の予防にも役立ちます。

2. にんじんは何科の仲間なの？
① アブラナ科　② セリ科　③ ウリ科

答え…②
セリ科の1，2年草のニンジン属の野菜です。

野菜は1日にどのくらい食べるといいの？

にんじんはミツバ・セロリ・パセリなどと同じ仲間で，にんじんはセリ科の野菜の中でもっとも重要なものです。

アフガニスタンが原産地で，古くは薬として利用されていました。

野菜はエネルギーは低いですが，カロチン・ビタミン類・カルシウム・鉄・カリウムなどのミネラル類・食物せんいの供給源としても大切な食品です。
　これらの栄養成分には，からだの機能を正常に保つ働きがあるので，健康保持増進，疾病予防のためには，野菜を1日に約350グラム，そのうち緑黄色野菜で約120グラムくらいを摂ることが大切です。

3. にんじんのどの部分が一番栄養があるの？
① 根の真ん中の部分
② 葉のつけ根の部分
③ 皮の部分

答え…③
にんじんの皮には栄養分が一番多く含まれています。

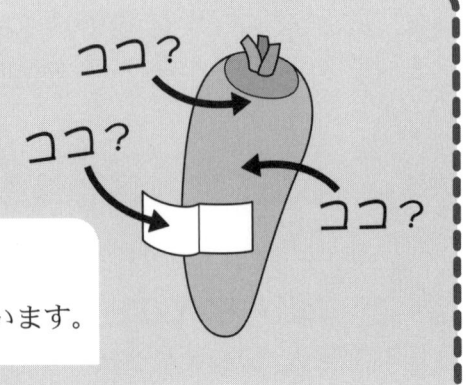

にんじんの栄養成分はなに？

　にんじんの学名「カロタ」および英語名「キャロット」に由来するように，にんじんのカロチンの量はずばぬけて多く，中くらいのにんじん半分で，1日の必要量がとれるほどです。
　カロチンは体内で必要に応じてビタミンAに変換され，変換されなかったカロチンは強力な抗酸化作用を持ち，活性酸素の害から体を守って血液をサラサラにする働きがあります。
　カロチンは油に溶ける性質があるので，油を使って調理すると体内への吸収がよくなります。
　カロチンの働きは体内でビタミンAにかわり，皮ふや粘膜を強くし，目を守り，かぜを予防します。そしてビタミンB群，C，カルシウム，鉄分も多く，栄養的にすぐれているのです。
　にんじんがきらいという子どもが多いですが，成長期の子どもに大切な栄養がいっぱい含まれているにんじんをしっかり食べましょう。
　にんじんのカロチンやビタミンCは皮の近くに多く含まれているので，できれば皮をむかずに調理するのがベストですが，皮をむく場合は出来るだけうすくむくことを心がけましょう！

4. 生のにんじんはどんなビタミンを壊すの？

① ビタミンA　② ビタミンB　③ ビタミンC

答え…③

生のにんじんはビタミンCを壊す酵素が含まれているのです。

にんじんを生で食べるとき，気をつけることは？

生のにんじんはビタミンCを壊す酵素が含まれているので，サラダにした時，ほかの材料のビタミンCも壊してしまうのです。にんじんを生で食べるときには注意が必要です。

ところが，この酵素は酢に弱いので，にんじんは酢の物にするか，酸味のきいたドレッシングをかけて食べましょう。

他の野菜と合わせてジュースにする時，ビタミンCの効果を弱めてしまうので，ミキサーの中にあらかじめレモン汁や酢を少し加えて，酵素の働きを止めるといいのです。

COLUMN

薬になる朝鮮人参は高麗人参（こうらい）ともいい，野菜のニンジンと形が似ていますが，じつは全く違う種類でウコギ科の多年草オタネニンジンの根で，薬草として世界最古の歴史をもつもののひとつです。

長い年月をかけて育ち，その根が人間の形のようで神秘的なので，「人参」または「神草」とよばれたそうです。

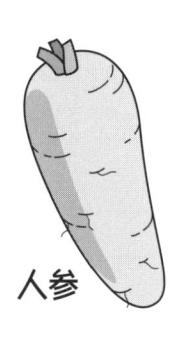

1月 だいこんクイズ

型紙データ一覧 P.61

古代から食べられていただいこんに含まれる栄養成分を知り，大切な働きをしていることを考えます。

✂ 作り方のポイント

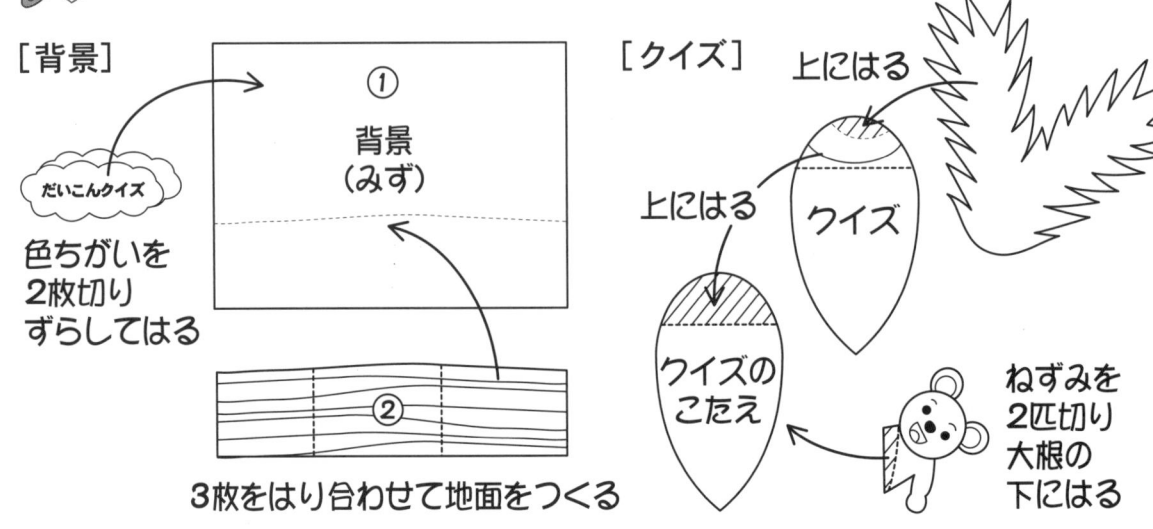

[背景]

① 背景（みず）

だいこんクイズ

色ちがいを2枚切りずらしてはる

② 3枚をはり合わせて地面をつくる

[クイズ]

上にはる

クイズ

上にはる

クイズのこたえ

ねずみを2匹切り大根の下にはる

だいこんクイズでちょこっと保健指導

1. だいこんの葉と根、カロチンが多く含まれているのはどちら？
① 根　② 葉　③ どちらも同じ

答え… ②

捨ててしまいがちな葉の部分には、カロチンなどの栄養がたっぷり含まれています。

だいこんの栄養成分はなに？

捨てられてしまうことが多い葉の方に多くの栄養がいっぱいです。

カロチン・ビタミンB類・Cなどが豊富に含まれています。

カロチンはからだの中でビタミンAに変化し、皮ふや粘膜を強くし、目を守り、かぜの予防にとてもいいのです。

「カイワレ」ってなに？

あんなに大きいダイコンも、芽が出たときはかわいらしい双葉で、形が貝が割れているように見えることから、「貝割れ大根」と呼ばれています。

「カイワレ」は、ビタミンC、ビタミンB_1、B_2、ビタミンAを含んでいます。また、大根と同じように消化を助けるジアスターゼ、発ガン物質を分解するオキシターゼも含まれています。

食欲増進、消化促進、疲労回復の働きがあります。

COLUMN

「カイワレ」は家庭でも、簡単に栽培することができます。

発泡スチロールのトレイにスポンジまたは、脱脂綿に水を含ませ敷き、その上に種をまく。

日当たりのいいとろに置いておくと、発芽し、育っていきます。

長さ10cmくらいが食べごろです。

ぜひ、挑戦してくださいね。

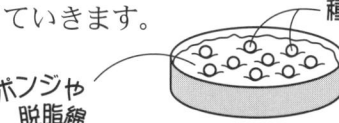

2. だいこんの根の部分に含まれる消化酵素はなに？

① ペプシン　② アミラーゼ　③ レンニン

答え… ②

根の部分は，ビタミンCや消化を助けるアミラーゼなどの酵素が豊富に含まれています。

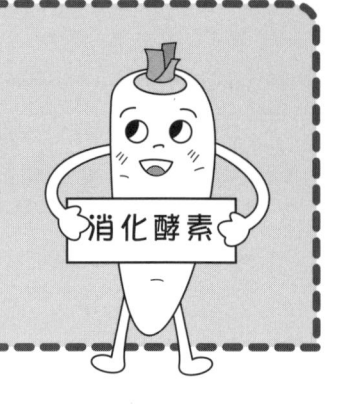

A. だいこんの根の栄養は？

根の部分に含まれる成分はほとんどが水分ですが，ビタミンCがタップリです。

それに加えて，ごはんやパンやいも類などのでんぷんの消化を助けるアミラーゼが含まれています。胃腸の調子が悪いときは，だいこんを食べるといいですね。

だいこんは昔から薬として食べられていた野菜なのです。

3. だいこんの一番ピリッと辛い部分はどこ？

① 上部　② 中部　③ 下部

答え… ③

だいこんの辛みは上部は少なく，下になるほど強くなります。

A. だいこんはなぜピリッと辛いの？

辛み成分はだいこんの上部は少なく，下になるほど強くなります。だいこんの辛み成分はイソチオアナートという成分で，おろした時に細胞が破壊されるので辛味が生じます。

この辛み成分は胃液の分泌を促し，腸の働きを整え，ガンを予防する力がありますよ。

だいこんは部分によって味が違うの？

根の上部は，そのまま食べる，おろしだいこん，刺身のつまみ，サラダなどがいいです
真ん中は甘みが多いのでふろふきだいこんにピッタリです。

根の先端に近いほど辛くなりますので薬味に，といろいろに味わえます。

4. 春の七草のうち，だいこんはどれ？

① すずしろ　② なずな　③ ほとけのざ

答え… ①

1月7日におかゆにして食べる七草は「せり・なずな・ごぎょう・はこべら・ほとけのざ・すずな・すずしろ」で，このすずしろがだいこんです。

春の七草？

なぜ，1月7日におかゆを食べるの？

日本古来から，1月7日には，七草がゆを食べる習慣がありました。

お正月には，食べたり飲んだりする機会が増えます。しかし，そのわりには運動が不足がちになることが多く，胃も弱り，7日ころは，気だるさがでてくる時期なのです。

「七草がゆ」は，健康を願って薬草を食べることで，不規則な飲食による心身の疲れを休めます。

COLUMN

だいこんはいつから食べられていたの？

すでに古代エジプトで栽培されていたというだいこんは中国を経て、日本には弥生時代にはすでに伝えられていたようです。

「日本書紀」には"於朋泥（おほね）"（大根）の名で記されています。

品種改良や栽培技術が進んだ江戸時代には"だいこん"とよばれるようになりました。

そのころ、保存食として漬物や切り干しなどの加工も行われ、庶民の食生活に欠かせない地位を築いたのです。

切って日に干すから…

つけもの　　切り干し

2月 ぶた肉クイズ

型紙データ一覧 P.62

ぶた肉には成長期の子どものからだの中で血や筋肉や皮ふをつくるのに大切な栄養成分が多く含まれていることを知り，野菜と一緒に食べることの大切さを考えます。

背景（あお）

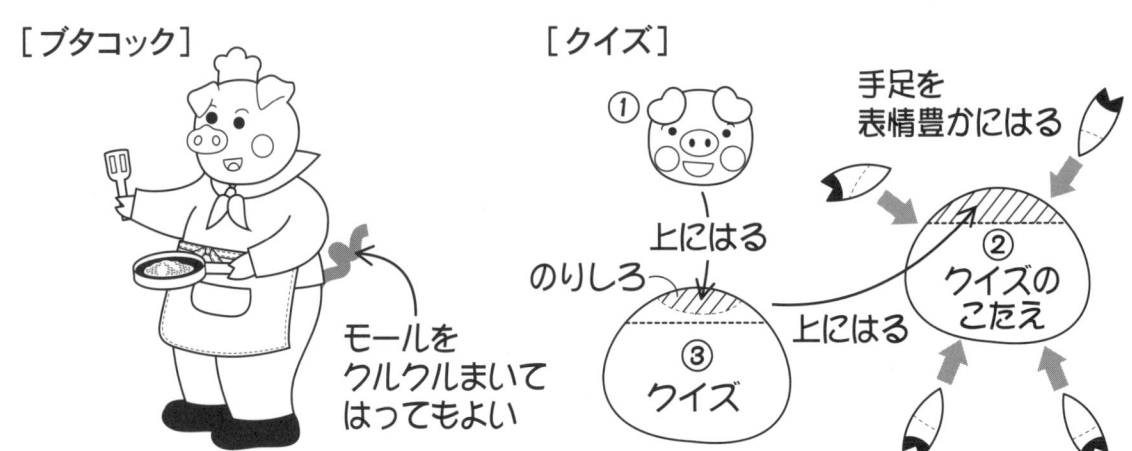

✂ 作り方のポイント

[ブタコック]

モールをクルクルまいてはってもよい

[クイズ]

① 上にはる
のりしろ
③ クイズ
上にはる
② クイズのこたえ
手足を表情豊かにはる

A. ぶた肉クイズで ちょこっと 保健指導

1. ぶた肉に多く含まれているビタミンはなに？
① ビタミンC　② ビタミンB₁　③ ビタミンD

答え… ②

ぶた肉には疲れをとるビタミンB₁が多く含まれていますので，スタミナをつけたい時はぶた肉を食べるといいですよ。

A. ぶた肉の栄養成分はなに？

ぶた肉はたんぱく質が豊富で，ビタミンB₁や鉄分が豊富に含まれていて，成長期のみなさんの体の中で血や筋肉，皮ふをつくる働きをしています。

ぶた肉に多く含まれているビタミンB₁はどんな働きをしているのかな……

ビタミンB₁は，米やパンなどのでんぷん質を消化分解して，エネルギーにするために大切な働きをしています。ビタミンB₁が不足すると，脚気になったり，けだるく感じたり，疲れやすくなったり，イライラしたりします。からだの中にいっぱいあると元気がでます。疲れた時にはぶた肉を食べると元気が出ますよ。

ぶた肉のビタミンB₁は牛肉の量と比べると，なんと10倍になります。ぶた肉とニンニクと一緒に炒めると，さらにビタミンB₁がからだに取り込まれやすくなりますよ。

2. 牛の脂（あぶら）とぶたの脂（あぶら）　低い温度でとけるのはどっち？
① 牛の脂　② ぶたの脂　③ どちらも同じ

答え… ②

牛の脂は約40〜56℃，ぶたの脂は28〜38℃でとけます。

ぶたの脂の働きはなに？

「ラード」とよばれるぶたの脂は人間のからだの体温でとけるので消化しやすく，血液をサラサラにする働きがあります。
しかし，摂（と）りすぎには注意しましょう。

3. ぶた肉はなぜ生で食べてはいけないの？

① おいしくないから　② 固いから　③ 寄生虫をもっているから

答え… ③
ぶた肉は寄生虫がいることが多いので，しっかり火を通してから食べましょう。

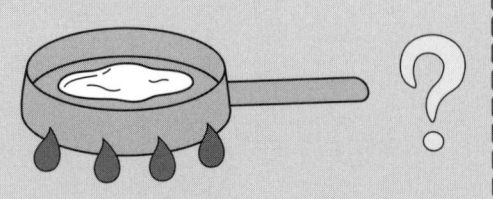

ぶた肉には，寄生虫の心配があるの？

ぶたはあらゆる部分が食べられ，食肉のほか，ベーコン，ハムに加工されたり，脂肪はラード，皮は皮革などに利用されます。

ぶた肉は牛肉と違い寄生虫の心配がありますが，必ず加熱調理をして，中までよく火を通せば，だいじょうぶです。

4. ぶた肉の祖先はなに？

① いのしし　② ひつじ　③ 牛肉

答え… ①
ぶたはいのししを家畜化したのもです。

ぶたはどこから日本に伝わったの？

祖先であるイノシシが世界各地で家畜化され，ぶた肉として食用に飼育されるようになったのです。ぶたは日本に江戸時代のはじめに，中国から沖縄，鹿児島へと伝わったといわれています。

世界中で食べられているぶた肉ですが，イスラム教徒，ユダヤ教徒は，宗教上の理由から食べることはできません。

COLUMN

ぶたは子どもをたくさん産み，発育がとても早いのです。

生まれたばかりの子ぶたの体重は約1.2～1.6kg，1週間で約2倍，30日で約8～1.6kgになります。180日で約110～120kgになりぶた肉として出荷されます。

ガツガツと食事を食べる人を指して「ぶたのように食べる」，散らかり汚い部屋を「ぶた小屋」などと形容することがあるが，実際にはぶたは非常に清潔好きで，ガツガツと食物を食べ散らかしたり，飼育小屋を汚したりすることはないのです。そしてぶたは知能が高く，芸を教え込めば覚えることもできるのです。

ボクは栄養いっぱいでとってもおいしいよ

ぶたといえば鼻がシンボルマークです。

この鼻は野生時代に土の中にあるえさを臭いで探して掘って食べていたため，このような独特の形になりました。鼻の力は20kg位あるといわれ，物を持ち上げたり，はねとばしたり，他のぶたとケンカしたりします。

A. ぶたのからだ各部分の名称

かたロース／ロース／ヒレ／もも／かた／バラ

外側はそとももという

ぶたの鼻は鋭い嗅覚（きゅうかく）をもっていて地面を掘り起こし，エサを探すこともあります。
（雌（めす）の発情の臭いと同じようなトリュフ（きのこの一種）を探すという話は有名です）

3月 アイスクリームクイズ

型紙データ一覧 P.63

アイスクリームの作られ方，栄養成分などを知り，冷たくて美味しいアイスクリームをおやつに食べる時，その量を考えて食べることの大切さを考えます。

作り方のポイント

[背景]

③ 3枚をはり合わせて上にはる

① 背景（みず）

② 4枚をはり合わせて上にはる

[アイスクリームクイズ]

① クイズ　上にはる

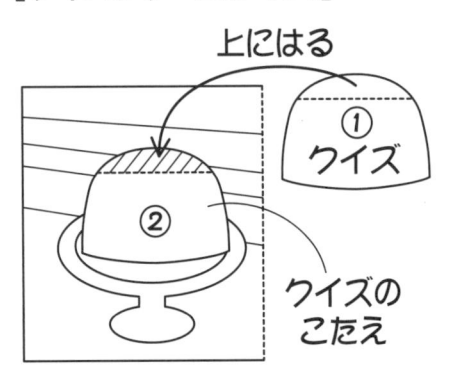

② クイズのこたえ

アイスクリームでちょこっと保健指導

1. アイスクリームは、なにから作るの？
① 豆乳
② 果汁
③ 乳成分

答え… ③
アイスクリームは乳固形分（乳の水分以外の成分）・たまご・砂糖・香料などを混ぜ合わせ，泡立て，凍らせた物です。

アイスクリームの栄養成分はなに？

アイスクリームの特徴は，凍っているのに，口当たりがなめらかですね。

その秘密は空気，アイスクリームに混ぜられた空気の泡や脂肪の粒子が，冷たさを伝えにくくし，独特の組織がソフトな口あたりにするのです。

アイスクリームには，カルシウム・たんぱく質・ビタミンA・B1・B2などが含まれていて，効率よく栄養が摂れる食品で，病人食としても使われますが，しかし脂質と糖質が多いため，高カロリーです。食べ過ぎるとお腹をこわしたり，肥満につながります。量を考えて食べるようにしましょう。

2. 乳固形分が何％のものがアイスクリームといわれるの？
① 5％以下
② 10％以下
③ 15％以上

答え… ③
アイスクリームは法的に決められていて，乳固形分（乳の水分以外の成分）を15％以上含んでいなければならないのです。

アイスクリームに定められている規格とは……?

アイスクリームには，法律で定められた規格があり，乳固形分（乳の水分以外の成分）を15％以上，乳脂肪分を8.0％以上含んでいなければなりません。

含まれる乳固形分と乳脂肪分の量によって，［種類別］アイスクリーム・アイスミルク・ラクトアイスの3つに分類されています。

3. アイスクリームが日本で作られたのはいつ頃?
① 弥生時代　② 平安時代　③ 明治時代

答え…③
明治2年に日本最初のアイスクリームが横浜で作られています。

「あいすくりん」の誕生

日本人とアイスクリームの出会いは江戸末期のこと。幕府が派遣した使節団が，訪問先のアメリカで食べたのが最初で，そのおいしさに驚嘆したと言われています。

そして明治2年には，日本最初のアイスクリームが横浜で作られ，「あいすくりん」という名前で販売したといわれています。その時の一人前の値段は2分，現在のお金で約8000円と，大変高価な物であったため，民衆に敬遠され，なかなか浸透しなかったといいます。

4. ローマの英雄ジュリアス・シーザーもアイスクリームを食べていたの?
① 食べていた
② 食べていない
③ 冬だけ食べていた

答え…①
彼は夏に若者をアペニン山脈に走らせ，氷や雪を運ばせて，乳やハチミツ，ワインなどを混ぜ，冷やして飲んでいたと伝えられています。昔のアイスクリームは，今のシャーベットのようなものでした。

アイスクリームは昔からあったの？

昔のアイスクリームは，今のシャーベットのようなもので，お菓子としてではなく，疲れたからだを元気にする「健康食品」として利用されていました。

アラブや古代ギリシャやローマや中国で，この甘い氷のお菓子は，次第に人々の心をとりこにし，王侯貴族や裕福な人たちに愛されるようになっていきました。

COLUMN

暴君で名高いローマの皇帝ネロ（紀元37〜68）は，アルプスから奴隷に万年雪を運ばせ，バラやスミレの花水，果汁，蜂蜜，樹液などをブレンドして作った氷菓『ドルチェ・ビータ』を愛飲していたと言われています。

この『ドルチェ・ビータ』は，ローマ市民の間にも広がり，裕福な人々はそれぞれの自宅に氷の貯蔵庫を設け，宴会などで楽しんだと伝えられています。

また，ローマの将軍クイントゥス・マキシマス・グルゲオの文献には，氷菓の製法が記され，最古のアイスクリームのレシピと言われています。

アイスクリームの歴史

★マルコポーロが伝えたアイスミルク

『東方見聞録』に，マルコ・ポーロ（1254〜1324）が中国宮廷の氷菓子を伝えたと記されています。

マルコ・ポーロは北京で乳を凍らせたアイスミルクを味わい，その製法をヨーロッパに持ち帰ったというのです。これはヴェネチアで評判になり，氷菓子の製法は北イタリア全土に広がったと言われています。

★冷凍技術の発明とアイスクリームの発展

16世紀の半ば，アイスクリームの歴史に大きな新時代が訪れ，その後のすばらしい発展のきっかけになります。それは，冷凍技術の発明とカトリーヌ・ド・メディチとフランス王アンリ2世の婚礼です。当時，イタリアで食べられていたアイスクリームが，フランスへ伝わり，さらにヨーロッパ各地にも広がっていきます。

★3色アイスクリームの誕生
　イギリスにアイスクリームが渡るのは，1624年，カトリーヌ・ド・メディチの孫娘アンリエッタ・マリアとイギリス王チャールズ1世の結婚によってです。その時にアイスクリーム職人を連れて行きますが，その一人がジェラール・ティーセンです。
　チャールズ1世は，彼のアイスクリームの魅力にとりつかれ，高い報酬で優遇しさまざまなアイスクリームを工夫させます。
　その1つが「グラス・ナポリタン」で，3色アイスクリームとして今も健在です。

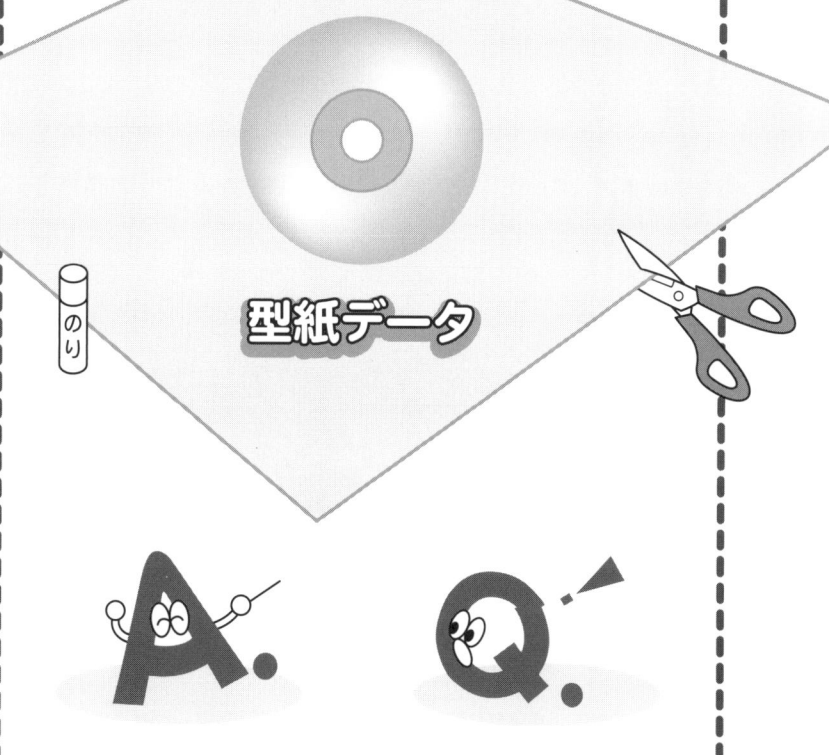

すぐできるカラー型紙 CD-ROMについて

型紙データ

のり

A. Q.

データの使い方

〈収録データの形式について〉

　各月に必要なすべての型紙が，300dpiのjpeg形式の画像で収録されています。
　jpeg形式のファイルを，縮小・拡大してプリントできるアプリケーションソフトと，CD-ROMが読み込めるパソコン，カラープリンタが必要です。

〈壁面構成の大きさについて〉

　背景の台紙（各月1枚ずつ必要）は，ご自分で用意してください。色画用紙や模造紙を必要な大きさに切ってください。
　付録のデータを，A4用紙にそのままの大きさでプリントすると，473mm×654mmの壁面構成を作ることができます。
　それより小さなサイズの壁面構成を作りたいときは，すべての型紙を同じ縮小率で縮小してプリントしてください。四つ切り画用紙大394mm×545mmにしたいときは，83％に縮小します。
　A4サイズよりも大きな用紙に対応したプリンタをお持ちの場合は，拡大してプリントすることで，473mm×654mmより大きな壁面構成を作ることもできます。ただし，拡大すればするほど，画質は落ちてしまいます。

〈プリント用紙について〉

　厚手の写真用紙にプリントすると，立体感が出てきれいに仕上がります。
　必要なプリント用紙の枚数は，各月によって異なります。53ページからの収録データ一覧で確認してください。

〈作り方〉

① 　背景の台紙を用意します。
② 　台紙の大きさに合わせた縮小率で，型紙をプリントします。
③ 　型紙の絵柄を切り抜き，台紙に貼り付ければ完成です。

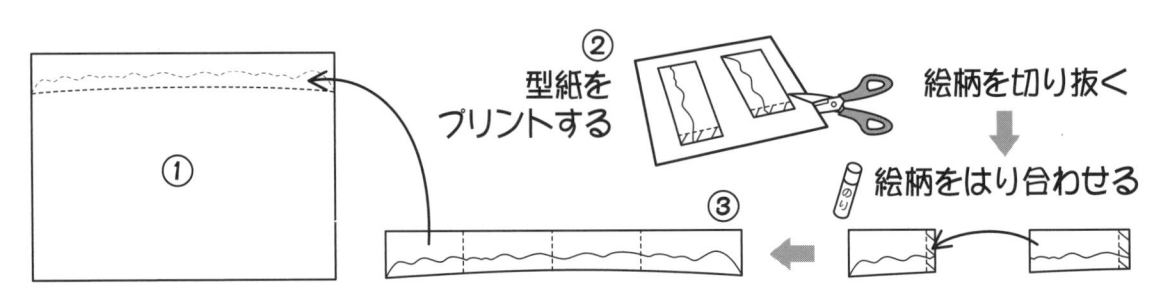

〈フォルダの構成〉

　必要なファイルが，各月ごとに収録されています。ファイルの数は，月ごとに違います。
　各月の「ILLUST」フォルダには，全体の完成図と，主なパーツの完成図が収録されています。

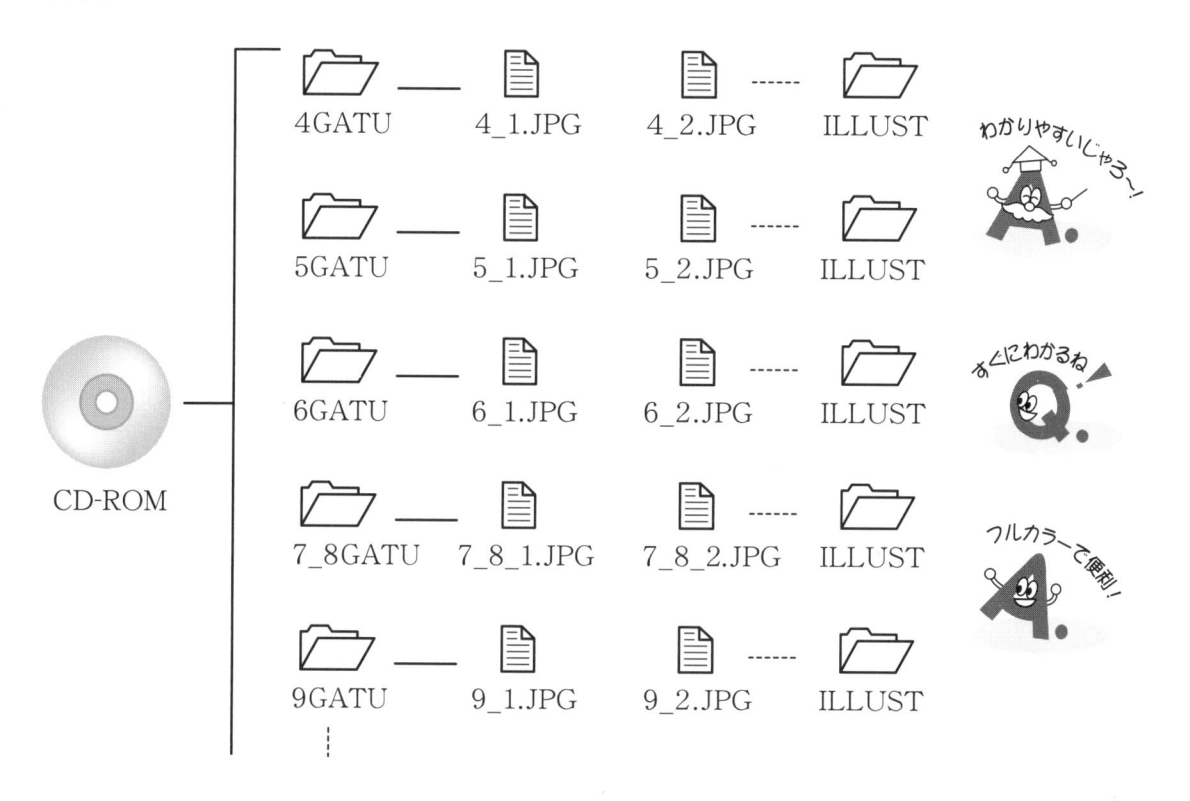

```
CD-ROM ─┬─ 4GATU ─── 4_1.JPG   4_2.JPG  ------  ILLUST
        ├─ 5GATU      5_1.JPG   5_2.JPG          ILLUST
        ├─ 6GATU      6_1.JPG   6_2.JPG          ILLUST
        ├─ 7_8GATU    7_8_1.JPG 7_8_2.JPG        ILLUST
        └─ 9GATU      9_1.JPG   9_2.JPG          ILLUST
           ⋮
```

〈使用許諾についての注意〉

・CD-ROMが入った袋を開封されますと，お客様が本書内の注意事項やこの使用許諾の注意書きを承諾したものと判断いたします。
・収録されているすべてのデータの著作権および許諾権は，(株)黎明書房が管理しています。本書の内容およびデータの複製および頒布，譲渡，転売，賃貸はできません。
・商業誌やインターネットでの使用はできません。
・収録データを使用した結果発生した損害や不利益，その他いかなる事態にも黎明書房は一切責任を負いません。また，このCD-ROMは十分な注意を払って制作しておりますが，欠陥がないことを保証するものではありません。ご了承ください。
・お手持ちのパソコン環境やアプリケーションソフト（ワープロソフト）によって，動作や手順が異なります。また，データの読み込み・編集の方法についてはお使いのOSやアプリケーションに依存します。操作に関して不明な点や不具合が生じた場合は，パソコンやアプリケーションに付属のマニュアルをご覧ください。

制作の手順

● 付属のCD-ROMには，各月の壁面クイズに必要なパーツの型紙が全て，Ａ４用紙大（300dpi）のJPEG画像で，収録されています。

● カラープリンタで，写真用紙などの厚手の紙にプリントすれば，切り抜いて台紙に貼るだけで，壁面構成がすぐに作れます。作り方のポイントは，各月の頁で解説しています。

● 台紙は各自でご用意ください。型紙の画像をＡ４用紙いっぱいにプリントした場合，出来上がる壁面構成の大きさは，約470㎜×650㎜です。このサイズに切った厚紙，カラー模造紙などを，用意して台紙として使います。

● 一般的な，四つ切り画用紙大（約390㎜×540㎜）の壁面構成を作るときは，付属の画像データを，全て83％に縮小して，Ｂ５用紙にプリントします。
それ以外の大きさで作りたいときは，適宜プリントサイズを調整してください。

● プリントには，ワープロソフトなどが利用できます。お手持ちのソフトのマニュアルを，ご参照ください。

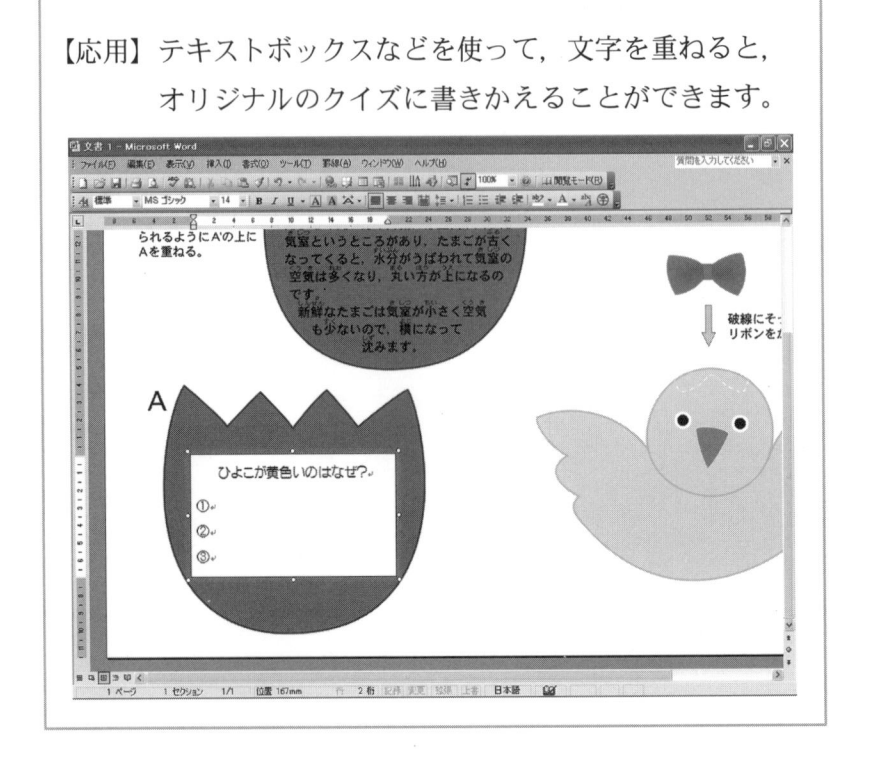

【応用】テキストボックスなどを使って，文字を重ねると，
　　　　オリジナルのクイズに書きかえることができます。

型紙データ一覧

4月
たまごクイズ

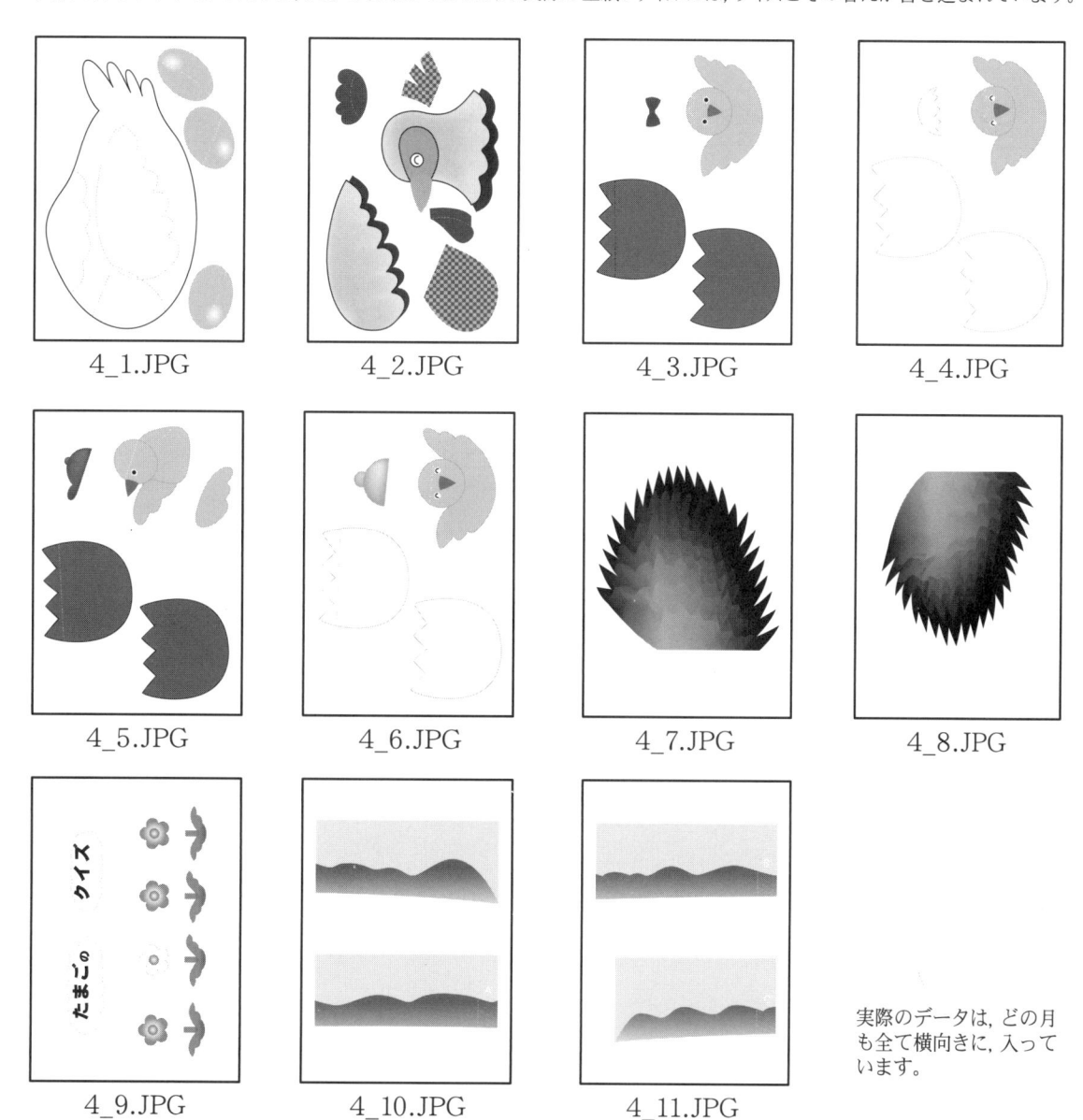

● **必要な材料** ●

・型紙プリント用紙 **11**枚

・背景用台紙 きみどり色×**1**枚

図柄を分かりやすくするために、文字を省略してあります。実際の型紙ファイルには、クイズとその答えが書き込まれています。

4_1.JPG 4_2.JPG 4_3.JPG 4_4.JPG

4_5.JPG 4_6.JPG 4_7.JPG 4_8.JPG

4_9.JPG 4_10.JPG 4_11.JPG

実際のデータは、どの月も全て横向きに、入っています。

型紙データ一覧

5月
牛乳クイズ

● 必要な材料 ●

・型紙プリント用紙 **7枚**

・背景用台紙 きみどり色×**1**枚

図柄を分かりやすくするために，文字を省略してあります。実際の型紙ファイルには，クイズとその答えが書き込まれています。

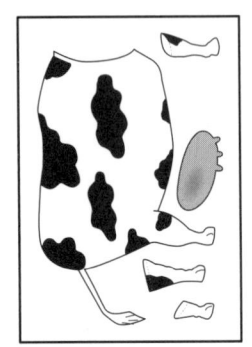

5_1.JPG

5_2.JPG

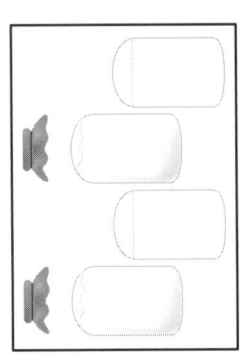

5_3.JPG

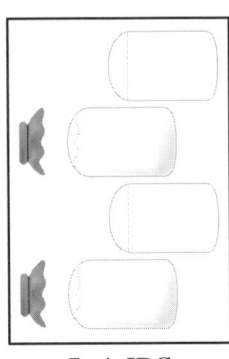

5_4.JPG

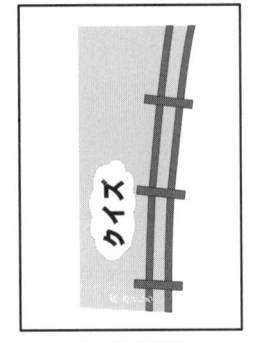

5_5.JPG

5_6.JPG

5_7.JPG

型紙データ一覧

**6月
魚クイズ**

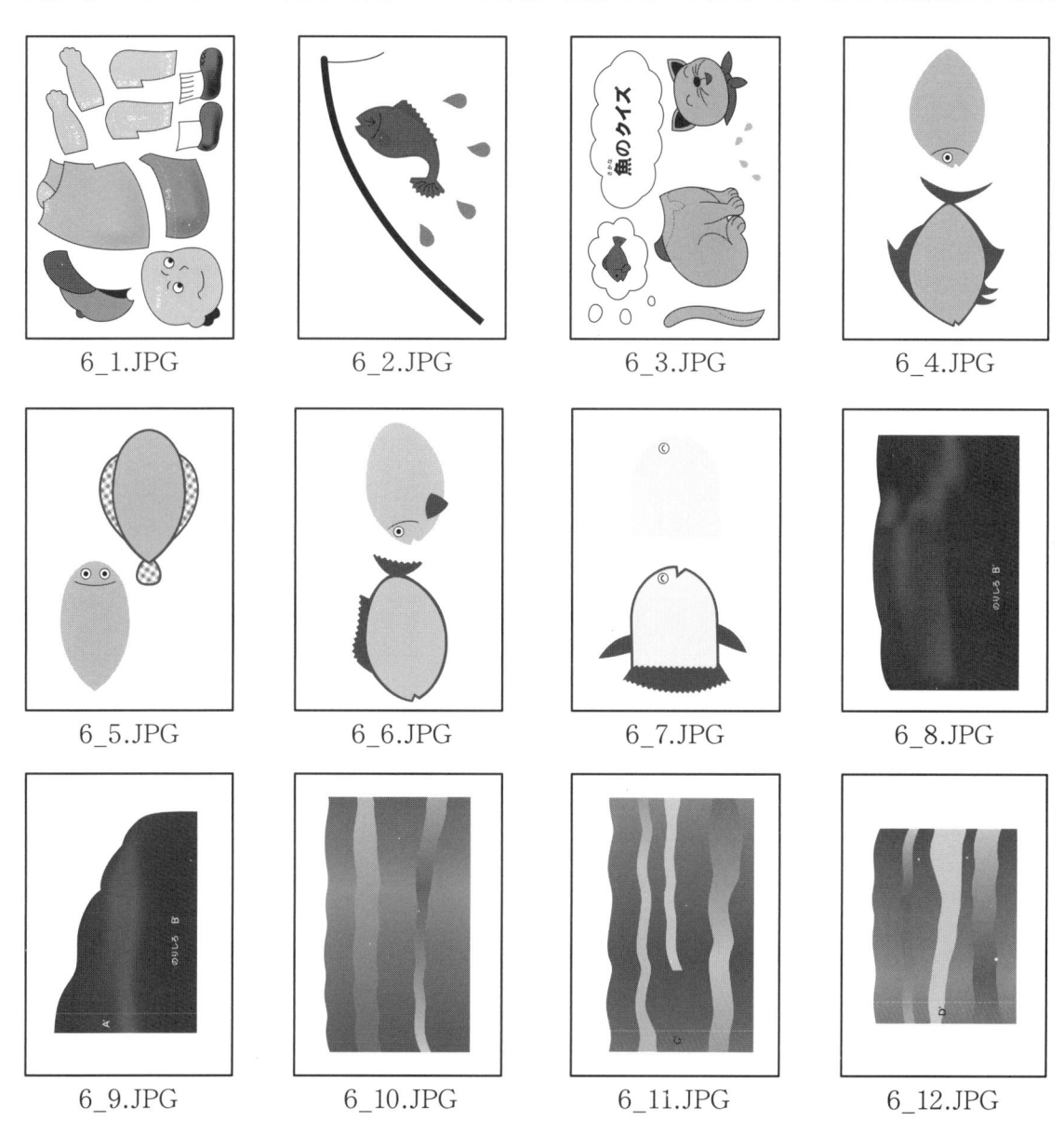

● 必要な材料 ●
・型紙プリント用紙 **12**枚
・背景用台紙 みず色×**1**枚

図柄を分かりやすくするために，文字を省略してあります。実際の型紙ファイルには，クイズとその答えが書き込まれています。

6_1.JPG	6_2.JPG	6_3.JPG	6_4.JPG
6_5.JPG	6_6.JPG	6_7.JPG	6_8.JPG
6_9.JPG	6_10.JPG	6_11.JPG	6_12.JPG

型紙データ一覧

7・8月
ピーマンクイズ

● 必要な材料 ●

・型紙プリント用紙　**7**枚

・背景用台紙　はだ色×**1**枚

図柄を分かりやすくするために，文字を省略してあります。実際の型紙ファイルには，クイズとその答えが書き込まれています。

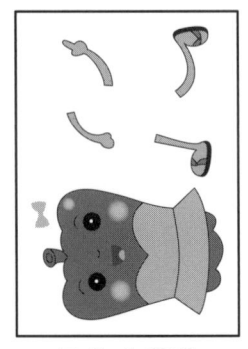

7_8_1.JPG 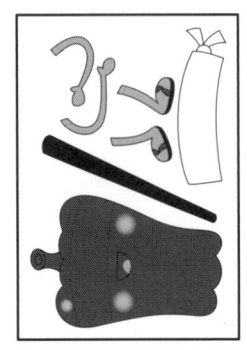　　7_8_2.JPG 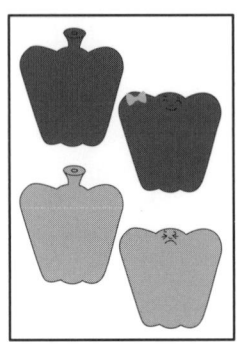　　7_8_3.JPG 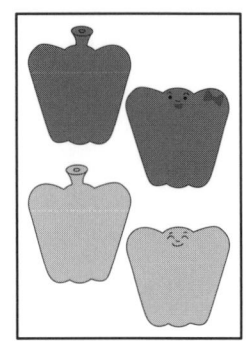　　7_8_4.JPG

7_8_5.JPG 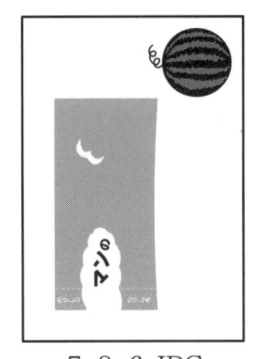　　7_8_6.JPG 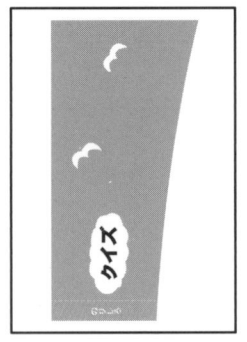　　7_8_7.JPG

型紙データ一覧

9月 さつまいもクイズ

● 必要な材料 ●

・型紙プリント用紙 **11**枚
・背景用台紙 **みず色×1**枚

図柄を分かりやすくするために，文字を省略してあります。実際の型紙ファイルには，クイズとその答えが書き込まれています。

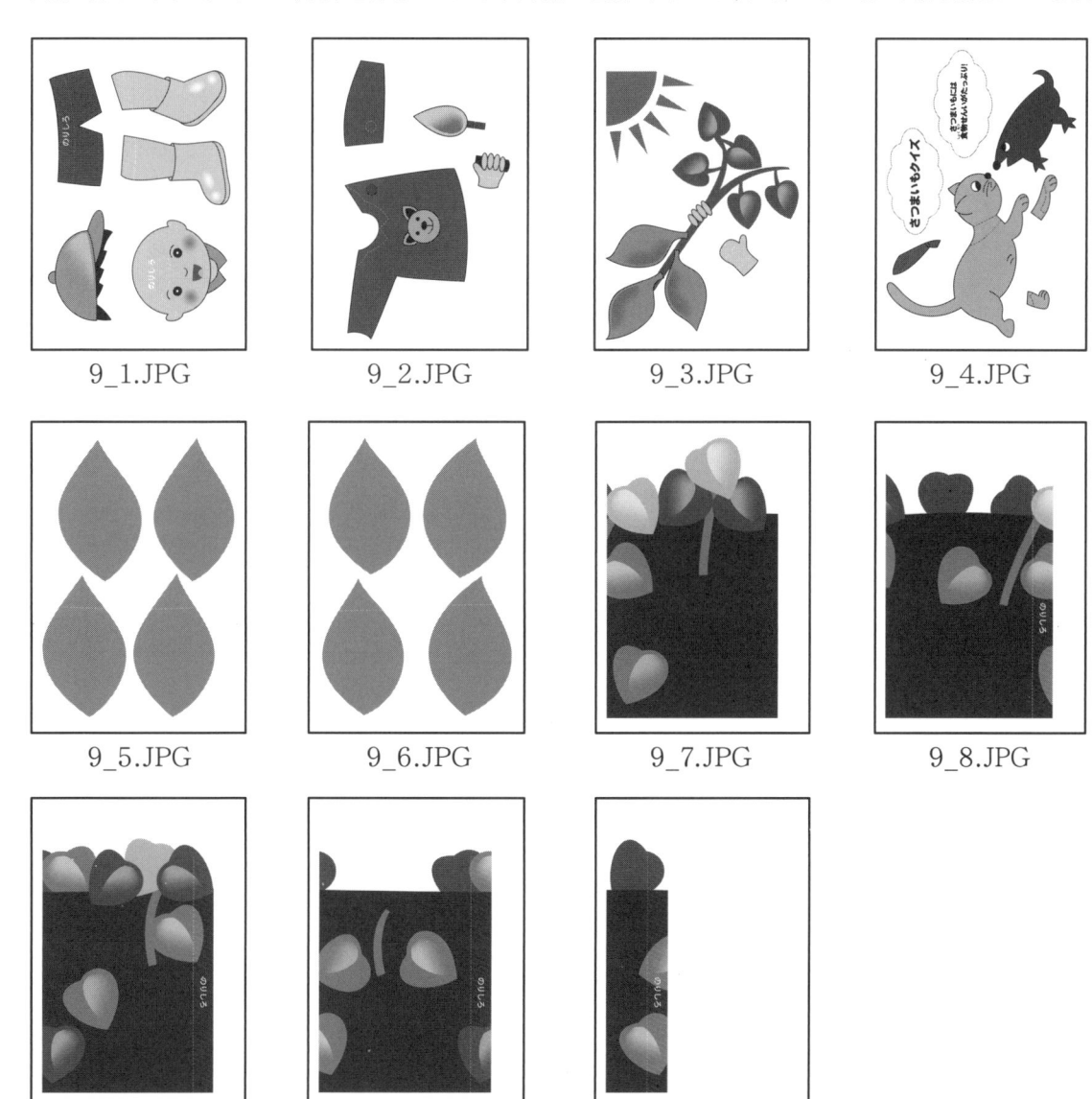

9_1.JPG	9_2.JPG	9_3.JPG	9_4.JPG
9_5.JPG	9_6.JPG	9_7.JPG	9_8.JPG
9_9.JPG	9_10.JPG	9_11.JPG	

57

型紙データ一覧

10月
かぼちゃクイズ

● **必要な材料** ●

・型紙プリント用紙 **5**枚

・背景用台紙 　藍色×**1**枚

図柄を分かりやすくするために，文字を省略してあります。実際の型紙ファイルには，クイズとその答えが書き込まれています。

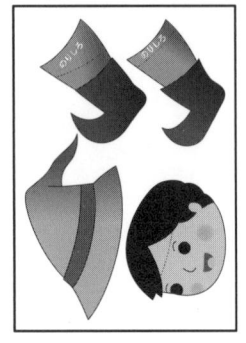

10_1.JPG

10_2.JPG

10_3.JPG

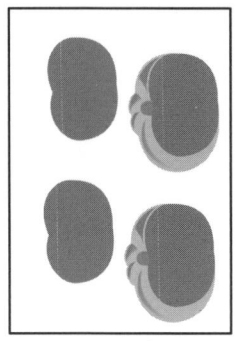

10_4.JPG

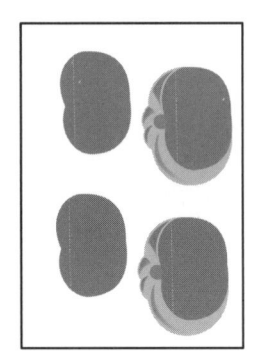

10_5.JPG

型紙データ一覧

11月
米クイズ

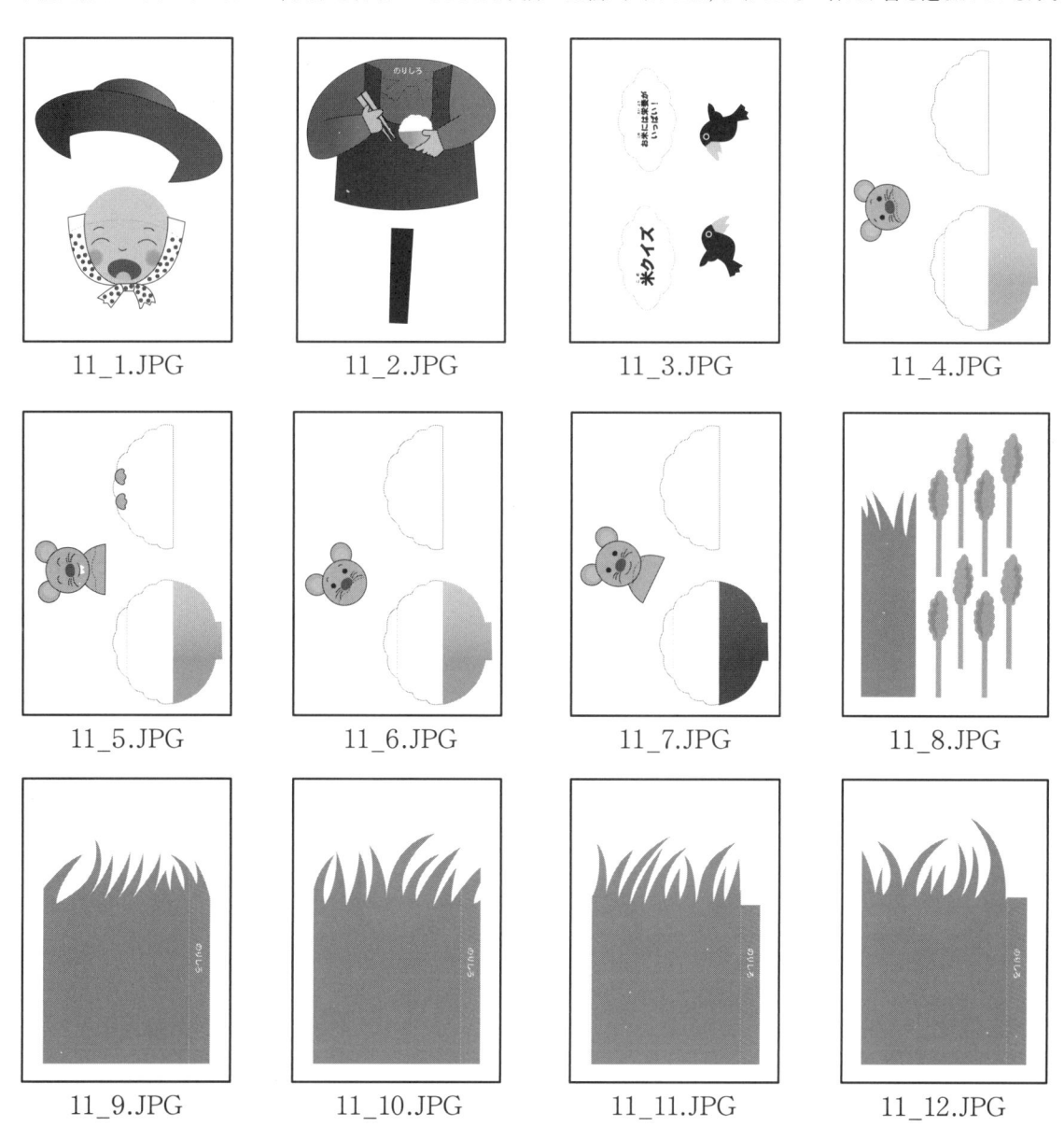

● **必要な材料** ●

・型紙プリント用紙 **12**枚
・背景用台紙 みず色×**1**枚

図柄を分かりやすくするために，文字を省略してあります。実際の型紙ファイルには，クイズとその答えが書き込まれています。

11_1.JPG	11_2.JPG	11_3.JPG	11_4.JPG
11_5.JPG	11_6.JPG	11_7.JPG	11_8.JPG
11_9.JPG	11_10.JPG	11_11.JPG	11_12.JPG

型紙データ一覧

12月
にんじんクイズ

● **必要な材料** ●

・型紙プリント用紙 **5**枚

・背景用台紙 藍色×**1**枚

図柄を分かりやすくするために，文字を省略してあります。実際の型紙ファイルには，クイズとその答えが書き込まれています。

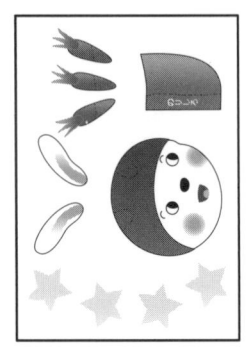

12_1.JPG

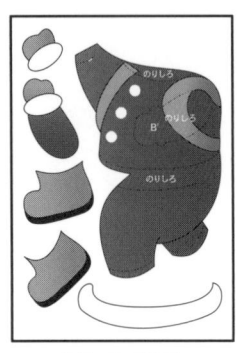

12_2.JPG

12_3.JPG

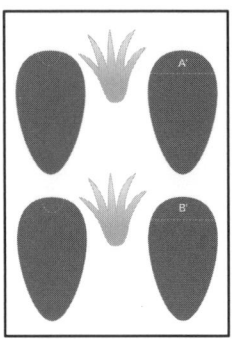

12_4.JPG

12_5.JPG

型紙データ一覧

1月
だいこんクイズ

● **必要な材料** ●

・型紙プリント用紙 **10**枚
・背景用台紙 みず色×**1**枚

図柄を分かりやすくするために，文字を省略してあります。実際の型紙ファイルには，クイズとその答えが書き込まれています。

1_1.JPG	1_2.JPG	1_3.JPG	1_4.JPG
1_5.JPG	1_6.JPG	1_7.JPG	1_8.JPG
1_9.JPG	1_10.JPG		

61

型紙データ一覧

2月
ぶた肉クイズ

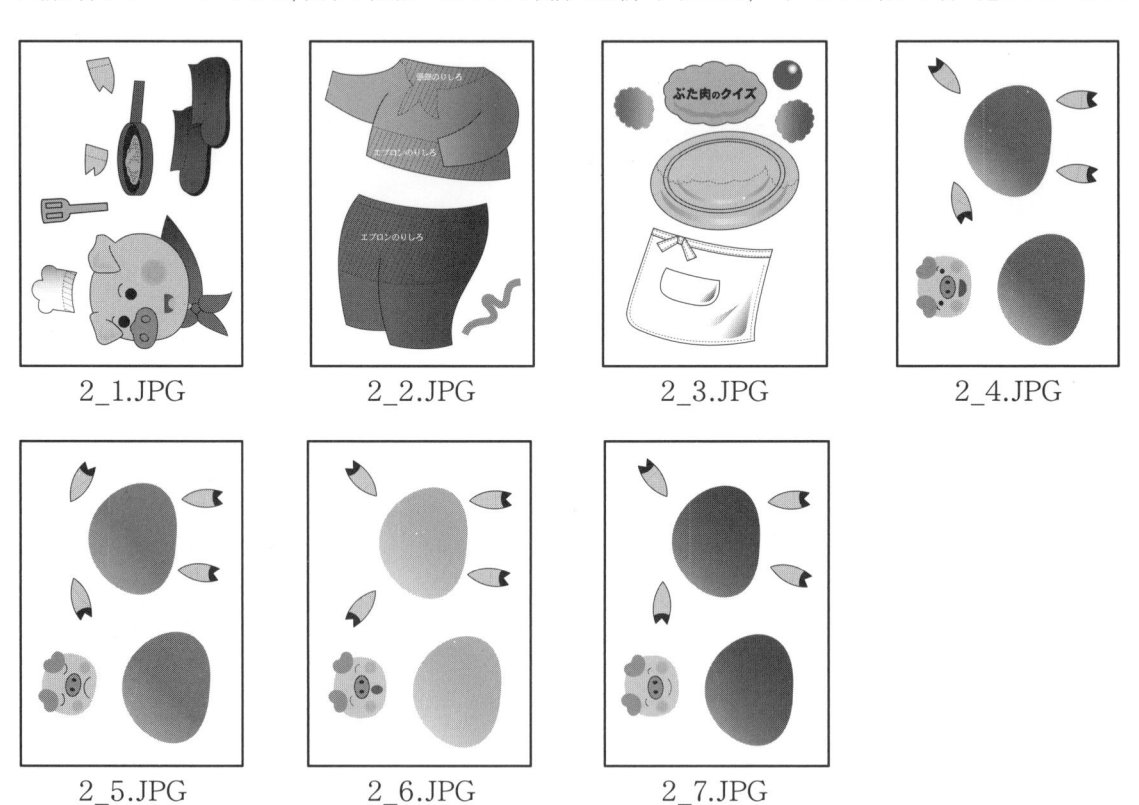

● **必要な材料** ●

・型紙プリント用紙 **7**枚
・背景用台紙 青色×**1**枚

図柄を分かりやすくするために，文字を省略してあります。実際の型紙ファイルには，クイズとその答えが書き込まれています。

2_1.JPG　　2_2.JPG　　2_3.JPG　　2_4.JPG

2_5.JPG　　2_6.JPG　　2_7.JPG

型紙データ一覧

3月
アイスクリームクイズ

● 必要な材料 ●

・型紙プリント用紙 **9**枚

・背景用台紙 青色×**1**枚

図柄を分かりやすくするために,文字を省略してあります。実際の型紙ファイルには,クイズとその答えが書き込まれています。

3_1.JPG

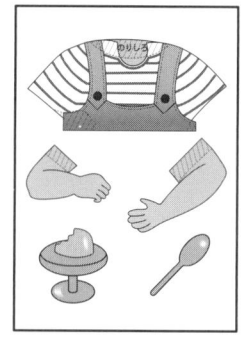

3_2.JPG

3_3.JPG

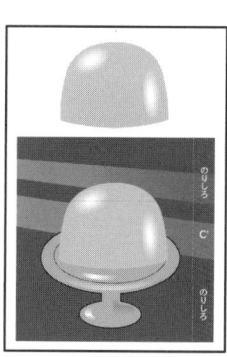

3_4.JPG

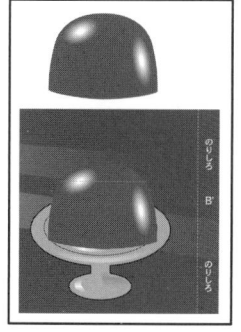

3_5.JPG

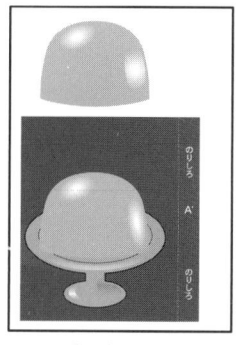

3_6.JPG

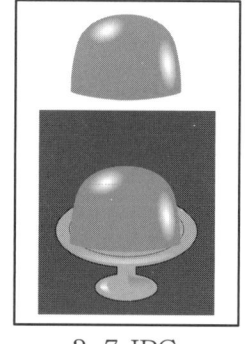

3_7.JPG

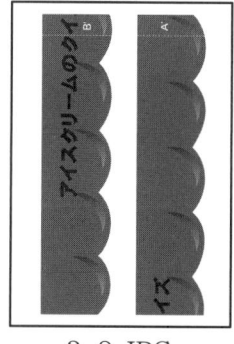

3_8.JPG

3_9.JPG

63

＜著者紹介＞

久住加代子

元大阪市立東粉浜小学校養護教諭
大阪市内の小学校養護教諭として勤務
2007年3月 退職
2007年5月 ドイツ留学

主な著書

『楽しい掲示板＆クイズ①②』東山書房
『クイズで覚える掲示板』東山書房（指導）
『心をいやす掲示板づくり（前期編）（後期編）』東山書房
『保健室の楽しい壁面構成12カ月』黎明書房
『コピーしてすぐ飾れる保健の壁面クイズ BEST 88』黎明書房
『子どもと対話ですすめる15分間保健指導21＆わくわくアイディア教材』黎明書房

本文レイアウト・イラスト・装丁

アトリエ a・wa

食べ物壁面クイズでちょこっと保健指導12カ月

2009年4月20日 初版発行

著者	久住加代子
発行者	武馬久仁裕
印刷	株式会社太洋社
製本	株式会社太洋社

発行所　株式会社 黎明書房

〒460-0002 名古屋市中区丸の内3-6-27 EBSビル
☎052-962-3045　FAX 052-951-9065　振替・00880-1-59001
〒101-0051 東京連絡所・千代田区神田神保町1-32-2
南部ビル302号　☎03-3268-3470

落丁本・乱丁本はお取替します　　ISBN978-4-654-01809-3
©K.Kusumi 2009, Printed in Japan